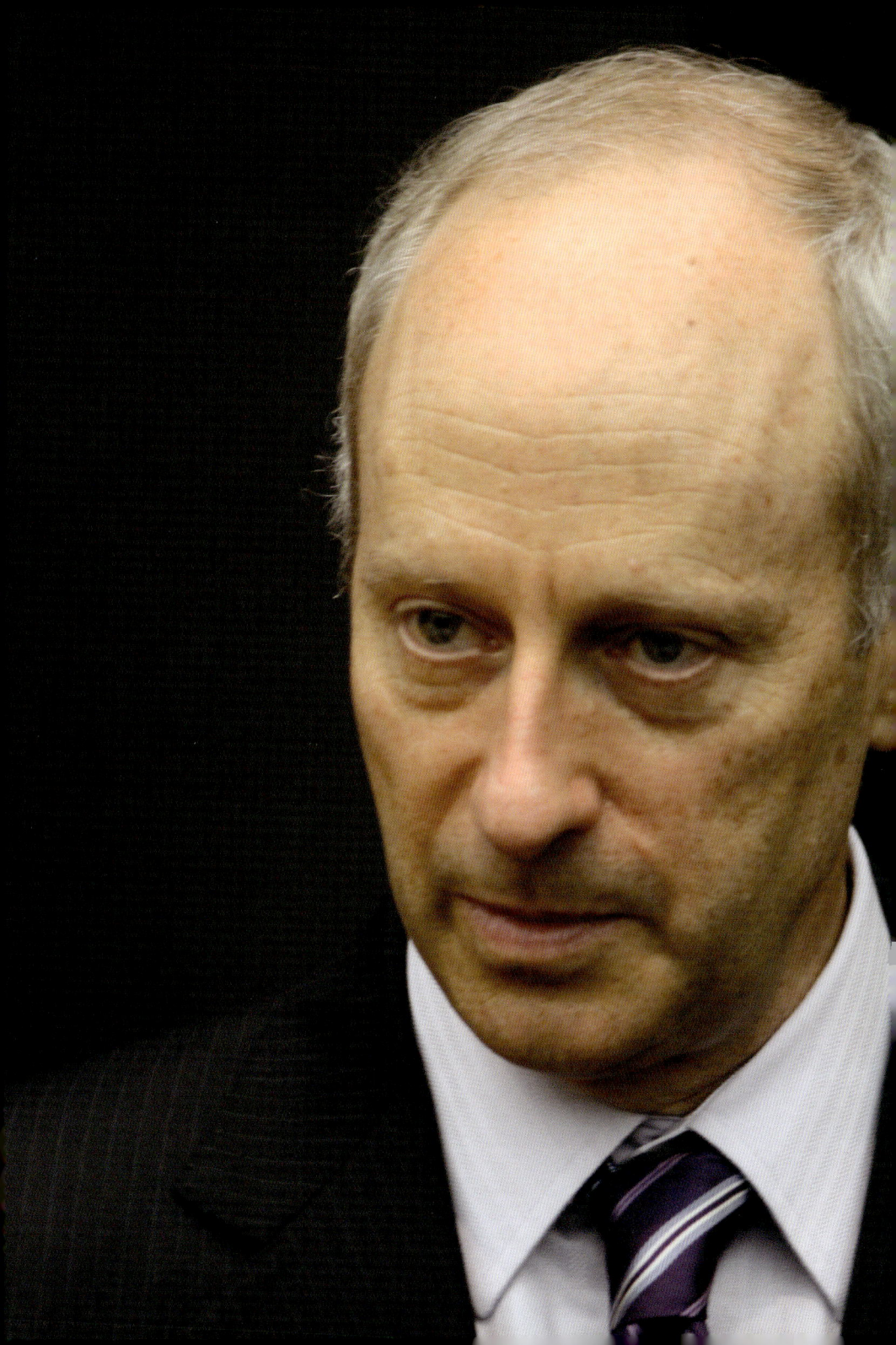

日本で「正義」の話をしよう

［ＤＶＤブック］

サンデル教授の特別授業

Michael J. Sandel
マイケル・サンデル

小林正弥＝監修・解説
鬼澤忍＝訳　早川書房

日本語版翻訳権独占
早　川　書　房

© 2010 Hayakawa Publishing, Inc.

LET'S TALK ABOUT JUSTICE IN JAPAN
by
Michael J. Sandel
Copyright © 2010 by
Michael J. Sandel
This edition supervised by
Masaya Kobayashi
Translated by
Shinobu Onizawa
First published 2010 in Japan by
Hayakawa Publishing, Inc.
This book is published in Japan by
arrangement with
The English Agency (Japan) Ltd.

ブックデザイン：水戸部 功

日本で「正義」の話をしよう
もくじ

プロローグ ………………………………………………… 9

議論① 市場に道徳的な限界はあるか？ ……………… 15

議論② バイオテクノロジー：遺伝子工学がもたらす危険 …… 65

解説 ………………………………………………………… 109

本ブックのテキストは、DVDに収められた講義の書き起こしを元に、
日本語、英語ともに一部加筆修正を施したものです。
したがって原発言、および日本語吹き替え音声と一部異なる箇所があります。
本ブックのテキストでは、理解を容易にするための加筆や補足を()で、
学問的な正確さを期すための別の訳語や用語説明などは[]で示しています。

プロローグ

[Prof. Sandel]:So, this evening we're going to think together about the meaning of justice. And we're going to do it by considering the ideas of the great philosophers.

But we're going to test those ideas by thinking for ourselves, listening to one another and arguing, having a debate.

I'd like us to consider three philosophies of justice, three answers to the question, "How do we create a just society? What does a just society consist in?"

One answer says justice is maximizing happiness.

The second answer says that justice means respecting human dignity, and autonomy, and the freedom of each individual to choose for himself or herself.

The third idea of justice, the third philosophy, says justice isn't only about maximizing happiness or about

サンデル：さて、今夜は「正義」の意味について一緒に考えていきたいと思う。それも、偉大な哲学者の考え方を検討することによってだ。

だが、そうした考え方を吟味する際、われわれは自分自身で考え、おたがいの話に耳を傾け、議論し、討議するという方法をとりたい。

まず、正義に関する三つの哲学について考えてみたい。それは、「正義にかなう社会をつくるにはどうすればいいか。正義にかなう社会は何の中にあるのか」という問いへの三つの答えでもある。

一つ目の答えは、正義とは幸福の最大化であるというものだ。

二つ目の答えは、正義とは人間の尊厳と自律を、個人の選択の自由を尊重することだというものだ。

三つ目の考え方、三つ目の哲学は、正義とは幸福を最大化することや、人間の尊厳を重んじること

に尽きるものではなく、美徳と善き生を栄えあるものと考えて培うことでもある、というものだ。

一つ目の正義の哲学は、イギリスの功利主義の哲学者、ジェレミー・ベンサムが提示した。

人間の尊厳と自律を土台とする二つ目の正義の考え方を生み出したのは、ドイツの哲学者、イマヌエル・カントだ。

そして、美徳と善き生を栄えあるものと考えて促す三つ目の正義の考え方の起源は、古代アテネのアリストテレスにまでさかのぼる。

今夜は、正義に関するこれら三つの哲学を一緒に検討しよう。そのために、社会生活のなかで起こる、あるいはいつ起こってもおかしくない事件、難問、道徳的ジレンマについて考えていきたい。

議論のためにいくつかの例を挙げようと思うが、それらは二つのトピックにかかわっている。ともに、現代の世界において重要な意味を持つようになっているトピックだ。

respecting human dignity—it's also about honoring and cultivating virtue and the good life.

The first philosophy of justice was offered by Jeremy Bentham, the utilitarian English philosopher.

The second idea of justice, based on the idea of human dignity and autonomy, was worked out by the German philosopher Immanuel Kant.

And the third idea of justice, honoring and promoting virtue and the good life, goes all the way back to Aristotle in ancient Athens.

So let's examine these three philosophies of justice together tonight by considering some examples, some hard questions, some moral dilemmas that arise or that could arise in our public life.

I would like to offer you some examples for discussion having to do with two topics, both topics of growing importance in our world.

One topic has to do with the role of markets.	一つ目は市場の役割にかかわるものだ。
What is the proper role of markets?	市場の適切な役割とは何か？
Are there moral limits to markets?	市場に道徳的な限界はあるか？
Are there certain spheres of life—certain areas—where market values are inappropriate?	市場価格をつけるのがふさわしくない、生の領域はあるだろうか？
That is the first set of questions.	これが最初の問題群だ。
The second set of questions concern new developments in biotechnology and especially, genetics.	二つ目の問題群は、バイオテクノロジー、とりわけ遺伝学の新たな発展にかかわっている。
We are seeing great advances in genetics and biotechnology and many of the new developments raise hard, ethical questions.	われわれは、遺伝学とバイオテクノロジーの大いなる進歩を目のあたりにしているが、そうした新たな発展の多くが倫理的な難問を生み出している。
So markets and biotechnology—what're the ethical questions they raise?	市場とバイオテクノロジー、両者が提起する倫理的問題とはどんなものだろうか？

議論①
市場に道徳的な限界はあるか?

[Prof. Sandel]: Let's begin with markets.	サンデル：まず市場（の問題）を取り上げよう。
Consider what may seem a small example of the use of markets, of buying and selling, and let me find out what you think about it.	市場や売買のささやかとも言える活用例について考えてみたい。みんなの考えを聞かせてほしい。
Sometimes, there're very popular events and the tickets are sold out, and yet more people want to attend, and so there are scalpers.	ときとして、とても人気のあるイベントが催され、チケットが売り切れてもまだ参加したい人がいるという場合がある。そこで登場するのが「ダフ屋」だ。
You know about scalpers? People who somehow buy up tickets and sell them at a higher price to those willing to pay.	ダフ屋は知っているね？　チケットを買って、希望者に高値で転売する連中のことだ。
I love to go and watch the Red Sox but I'm afraid I can't honestly tell you that I expect them to be in the World Series this year; I hope I'm wrong.	私はぜひレッドソックスの試合を見にいきたいのだが、正直言って、今年はワールドシリーズには出られないだろう。私が間違っていればいいのだが。
But a few years ago they were; the Red Sox were in the World Series.	とはいえ、数年前にレッドソックスはワールドシリーズに進出した。
I live not far from Fenway Park where the Red Sox play.	私はレッドソックスの本拠地、フェンウェイパークの近くに住ん

でいる。

もちろん、ワールドシリーズのチケットは、いつものように売り切れてしまった。

すると、球場の外にたくさんのダフ屋が現れた。どこからかチケットを手に入れていて、高値で売りつけようとしていたんだ。

レッドソックスのオーナーはダフ屋が好きではない。ダフ屋ではなく、自分たちが儲けたいわけだからね。

ワールドシリーズのチケットを高値で転売することは、重大な道徳的問題とは言えない。

では、「ワールドシリーズのチケットを高値で転売する人がいたとしても、それは正当なことだ。問題はない」と思う人はどれくらいいるかな？　それは構わないという人は？

では、逆に「間違っている」と思う人は？

The tickets were sold out, of course, as World Series tickets always are.

And outside Fenway Park there were scalpers—people who somehow had extra tickets and were willing to sell them to you for a price, quite a high price.

The owners of the team don't like scalpers; they would rather make the revenue, not scalpers.

This is not a grave moral question, scalping tickets of the World Series.

How many people think it's legitimate, it's okay if there are people selling high-priced tickets to the World Series game... how many think it's okay?

How many think it's wrong?

Oh, that's interesting. It's about evenly divided.	おもしろい。だいたい半々に分かれたね。
We see the same thing with concerts, rock concerts.	同じようなことはコンサートでも起こる。たとえば、ロックコンサート。
Did Madonna, did Michael Jackson come to Tokyo to perform?	マドンナやマイケル・ジャクソンは、東京で公演したことがあるよね？
Maybe the students here don't even remember who they are.	もっとも、ここにいる学生たちはマドンナとかマイケル・ジャクソンと言っても誰だか判らないかな。
I imagine that when they came to perform, the concerts were sold out and there were scalpers selling tickets at a high price for the event, is that right?	おそらく、彼らが東京に来て公演をしたときには、チケットは売り切れていて、ダフ屋が高値でチケットを売っていたのではないだろうか。どうだい？
Did anyone buy one of those tickets? Who will admit it?	そのチケットを買った人はいるかな？　誰か白状する人は？
You don't have to admit it.	もちろん、無理にとは言わない。
Here's another example. I learned just before coming here tonight, up to this	もう一つ例を挙げよう。今晩この演壇に立つ直前に聞いた話で、本

当かどうかわからないのだが、みんなの席を欲しがっている人がいて、インターネット上でかなり高額な買い取り価格を提示しているという。それは本当かい？　本当？

君はそうやってチケットを買ってここに来たのかな？　いくらの値がついていたの？

そこにいる矢作(やはぎ)教授が数分前にインターネットをチェックしたそうだが、噂によると、いくらだと思う？

5万円だそうだ。かなりの額だよね、だいたい600ドルになる。いまからでも遅くはないぞ。

これはどこか間違っているだろうか？　コンサートや野球の試合、あるいは正義を語り合う講義のチケットを転売して儲ける——それは悪いことなのだろうか？

意見は分かれているようだ。ワールドシリーズについてはさっき聞いたから、講義のチケットを転売するのは間違いだと思うかどうか

podium... I don't know if this is true, but I was told that there are other people who want your seats tonight and they're offering a pretty good amount on the internet; is that true? Yes?

Is that how you got in? How much did they offer? How much are people offering?

Professor Yahagi looked on the internet a few minutes ago and he said that the rumor is... what do you think that people are offering?

Fifty thousand yen, he told me. It's a pretty, pretty good amount: $600. I should tell you it's not too late.

Is there anything wrong with that: scalping tickets to a concert or to a baseball game or to a lecture on justice?

People seem divided. Well, I'll admit, you gave me your views about the World Series. I suppose I should ask them whether they think it's wrong to scalp tickets to a lecture.

How many think it's wrong to offer someone ? Fifty thousand yen to come here?

How many think it's fine?

Very few people voted.

Maybe you're thinking it's not quite worth it, you know what I'm saying?

But I'd like to put to you a more serious example of buying and selling access.

I was in China in the spring and I heard from some Chinese people and I read about this in some newspaper articles.

There is a greater demand for doctors in some major cities in China than there are doctors to see patients.

And at some of the major hospitals, long queues form to get a ticket for an

を聞いてみよう。

それが間違っていると思う人は、どれくらいいるかな？ここに来るために5万円払おうと申し出るのは？

では、それでいいじゃないかと思う人は？

ほとんどいないな。

もしかしたら、それほどの価値はないと思っているんじゃないか、どうだい？

では、どこかに入場［アクセス］するための売買について、もっと深刻な例を取り上げてみよう。

春に中国に行ったとき現地の人からも聞いたし、新聞で読んだこともある話だ。

中国の一部の大都市では医師に対する需要の方が、患者を診てくれる医師の数より大きい。

そのため、大きな病院では予約の整理券をもらうために長い行列が

できる。

どうしても治療を受ける必要のある人たちが行列に並ぶのだが、彼らは前の晩から、ときには数日前から並ぶのだそうだ。病院が開いたときに予約の整理券をもらうためだね。だから、行列はとても長い。

一部の起業家はこれをチャンスだと思った。

彼らはホームレスを雇って行列に並ばせた。ホームレスは徹夜で待ち、行列を進んで整理券をもらってくる。すると、ダフ屋は骨折りの代価としてわずかな金を払い、整理券をオークションにかけて売りさばく。

医師が有名な専門家の場合、ダフ屋は行列に沿って行ったり来たりしながら「有名な心臓の専門家であるワン先生の整理券がありますよ。いくらで買ってくれますか？」と聞いてまわる。

これは一種のオークションだ。市

appointment with a doctor.

And people wait in the queues who have serious medical needs; they begin waiting in the queues the night before—and sometimes even several days before—the clinic opens, in order to get a ticket for an appointment with a doctor. So there are long queues.

Some business entrepreneurs saw an opportunity.

So they hire homeless people to stand in the queue overnight to wait, to go up to get the appointment ticket, and then the scalper pays the homeless person a small amount of money for his trouble, and then auctions off the ticket for the appointment with the doctor—to people who are willing to pay.

And if it's a famous specialist, they auction off the ticket, going up and down the queue saying, "Here is an appointment ticket for Doctor Wan, the famous heart specialist, what will you pay me for it?"

It's a form of auction. It's a use of a

market to allocate a scarce good.	場を利用して不足している財を分配しようというわけだね。
How many find this use of buying and selling, this use of markets, morally objectionable? Raise your hand, those of you who object.	こういった売買の利用法、市場の利用法には道徳的に反対だと思う人はどれくらいいるだろう？ 反対する人は手を挙げてほしい。
And how many don't find it morally objectionable? Raise your hand.	では、道徳的に反対ではないと思う人はどれくらいいるかな。手を挙げて。
All right, let's have a discussion about this case.	よろしい。この事例について議論していこう。
Those of you who do not find it objectionable, the majority disagree with you so we need to hear from some of those who would defend the buying and selling outside the hospital.	ここに問題はないと思う人は？ 大多数の人は君たちとは別の意見なのだから、病院の外で整理券を売買することを擁護しようという君たちの意見を聞く必要がある。
What would be your reason?	そう考える理由は何だろうか？
Who will start us off on our discussion? And we have microphones so that you can be heard.	議論の口火を切りたいという人はいるかな？ マイクがあるからみんなに聞いてもらえる。
We need to hear from a defender of the practice.	まずこの行為を擁護する人の意見を聞きたい。

市場に道徳的な限界はあるか？

どうぞ。立ち上がって、マイクを持っていくから。

ヨウスケ：ヨウスケといいます。

まずダフ屋のような行為を行う人は、ホームレスのアルバイトに払うお金というリスクを取っています。次に、仕入れた整理券を客に売らなければいけませんが、客の側がそれを不正だと感じれば、整理券は売れません。したがってその商売が成立しているという時点で、それはフェア［公正］な商行為だと私は考えます。

サンデル：ではヨウスケ、そのままでいてくれるかな。君の主張を確認したい。

つまり、合意が成立しているということだね。買い手と売り手は自由に合意している。彼らはある価格に合意し、交換する。市場というのは常にそのように機能している。買い手と売り手、合意された価格、交換というように。

だから、買い手にとっても公正であり、売り手にとっても公正だ。

Yes, stand up and we'll bring you a microphone.

[Yosuke]: My name is Yosuke.

[Prof. Sandel]: So Yosuke, stay there, let me make sure I understand your point.

There is an agreement reached, freely agreed to by the buyer and the seller: they agree on a price and they make the exchange; that's how markets always work: a buyer, a seller, an agreed price and an exchange.

So it's fair to the buyer, it's fair to the seller: he took the risk, he went through the work of hiring all the people to wait in the queue, and it's fair to the buyer because the appointment ticket was worth that amount of money to him.

Who has a reply to Yosuke? Who believes this exchange is morally objectionable?

What would be your answer to the argument that it involves a free exchange consented to by the buyer and by the seller?

Yes, what would you say? Please stand up.

[Prof. Sandel]: So Kimiko says and... maybe we should get Yosuke's answer to this reply. Let's get Yosuke a micro-

売り手はリスクを取り、行列に並ぶ人を雇った。買い手から見ても、整理券は彼にとってその金額に見合う価値があったのだから、公正だ。

ヨウスケに反論のある人はいるかな？ こうした取引には道徳的に反対があるという人は？

「売り手、買い手とも同意したうえでの自由な交換だ」という主張に対して、どんな反論があるだろうか？

はいどうぞ。立ち上がって。

キミコ：キミコと申します。その取引はダフ屋さんとホームレスの人との間では成立しているかもしれません。ですが、ダフ屋がつけた値段では高すぎて貧しい人たちが買えないような場合、そうした貧しい人たちの権利を侵害していると私は思います。

サンデル：キミコに意見を言ってもらったところで、これに対するヨウスケの答えを聞くべきだね。

ヨウスケにマイクを。

キミコによれば、なるほど売り手と買い手のあいだでは自由な合意によって取引が成立しているかもしれないが、買い手は金持ちや、比較的裕福な人である可能性が高い。だとすれば、行列に並んでいて、整理券を買う余裕のない貧しい人はどうなるのか、彼らにとって、これは不公正ではないのか？

これがキミコの反論だ。整理券を買うお金を持っていない人にとっての公正さについての議論だね。

ヨウスケ、この点についてはどう思う？　これは不公正ではないだろうか？

ヨウスケ：私はそれでもフェア［公正］だと思います。貧しい人たちも少額でよければ払うようになれば、たとえばホームレスの方を雇うといったことも考えられますよね。そのうえ、今貧しい人だけを取り出しましたが、そこに並んでいるすべての人を考えると、彼らに対して「必ずしも時間を投資しなくても、お金を投資すれば整理

phone.

Kimiko says yes, there may be a deal freely agreed to between the buyer and the seller, but the buyer is likely to be either wealthy or relatively well off; what about the poor people in the queue who can't afford to pay for that appointment? Isn't it unfair to them?

That's Kimiko's argument, an argument about fairness to those who lack the money to buy the ticket.

Yosuke, what would you say to that, isn't it unfair?

[Prof. Sandel]: Freedom of choice is the value, the principle that supports this exchange, but the challenge is that for the poor people in the queue, they don't have the same freedom of choice. Kimiko, isn't that your argument?

What do you say to the argument that the poor people waiting in the queue don't have the same freedom of choice that the rich people have?

[Prof. Sandel]: They should go out and make more money so they can afford the ticket.

券を買える」という選択の自由を増やしたとも言えます。したがってこれは効用が高いと考えられます。

サンデル：「選択の自由」こそが、この交換を支える価値であり、原理だということだね。だが、ここでの異議は、行列に並んでいる貧しい人には、同じ「選択の自由」がないというものだ。キミコ、それでいいかい？

「行列をなして待っている貧しい人には裕福な人と同じ"選択の自由"がない」という意見には、どう答えるかな？

ヨウスケ：貧しいといっても、何らかの手段でお金や、ほかの何かを提供できれば、もしくは何らかの手段を用いてお金を手に入れることができれば、チケットを買うことができるのではないでしょうか。

サンデル：貧しい人は、整理券を買えるように、もっと外へ行ってお金を稼ぐべきだ、ということだね。

ヨウスケは、「貧しい人でも誰かを雇って行列に並んでもらえばいい。あるいは整理券を買えるようにもっとお金を稼げばいい」と言っている。何事も選択の自由だというのだ。

キミコ：選択の自由ということで言えば、公平ではないということになると思います。
やはり貧しい人には、お金を使うという権利がない場合が多いので、広く見ると不平等になると思います。
レッドソックスやマドンナのコンサートであれば、娯楽ということで許されると思いますが、医療行為に関して不平等が生じることはフェア［公正］ではないと思いました。

サンデル：なるほど、すると君は別の議論を導き入れたんだね、キミコ。問題となる善［良きこと］の重要性にかかわる議論だ。

君の意見では、コンサートやワールドシリーズの試合への入場［アクセス］と、医師の予約の入手［ア

Yosuke says the poor people can hire someone to stand in the queue or can try to make more money so they too can afford it—freedom of choice.

[Prof. Sandel]: All right, so now you've introduced another argument, Kimiko, which has to do with the importance of the good at stake.

You say there's a difference between access to a concert or to a World Series game and access to an appointment with a doctor.

Does that mean that in the case of the World Series game or the concert, it doesn't trouble you if the tickets go to people who can afford them, but it does trouble you if the tickets involve access to a doctor?

[Prof. Sandel]: Kimiko, you consider this mere entertainment?

You think this is like a Madonna concert?

Do you think Madonna knows about Aristotle?

No, I see what you mean now. That's

クセス〕は違う、というわけだ。

つまり、ワールドシリーズやコンサートの場合は、お金のある人にチケットが渡っても構わないが、医師に診てもらうための整理券の場合はまずい、ということかな？

キミコ：そうですね。命にかかわることについては、すべての人が平等であるべきです。ダフ屋行為も良いことではありませんが、娯楽の範囲ということで、多少は……。今日のチケットがオークションに出ているのも見ましたが、まだ許されることだと思います。

サンデル：キミコ、君はこの講義をただの娯楽だと思っているのかい？

マドンナのコンサートのようなものだというの？

マドンナがアリストテレスのことを知っていると思うかい？

いや、君の言いたいことはわかる。

とてもいい意見だ。

君たちはいい議論に気づいたね。ヨウスケとキミコに感謝したい。君たちのやりとりに、どうもありがとう。

二人のやりとりが進むにつれて、正義に関する三つの考え方が浮かび上がってきた。ヨウスケの議論は、正義とは選択の自由を尊重することであるというものだった。これは、さっき話した三つの哲学のうちの二つ目にあたる。つまり、「交換する財にどのくらいの価値を置くかということを自分自身で選ぶ」という人々の自由を尊重するという考え方だ。

次に、キミコが提起した一つ目の反論は、公正さに関するものだった。

公正さという観点からのこの反論は、やはり正義に関する二つ目の考え方の一例だと思うが、その解釈は異なっている。

「自由な選択といっても、貧しい人にとっては自由ではないかもし

very good.

So actually, you notice the discussion. Thanks to both of you, to both Yosuke and to Kimiko for this exchange. Thank you.

The discussion, as it went back and forth, actually brought out three ideas of justice: There was the argument of Yosuke, that justice is about respecting freedom of choice—it's like the second idea : respecting peoples' freedom to choose for themselves what value to place on the goods they exchange.

And then Kimiko offered first one objection, which was an objection about fairness.

Now, the fairness objection, I think, was also an example of the second idea of justice, but it was a different interpretation of that idea.

It was one that said free choice may not be free if you're poor.

The poor person may not have a genuinely free choice to bid for the ticket to the doctor.

And then, in the second part of the exchange, Kimiko actually raised a different argument, which has not to do with the debate about what really is a free exchange, but a question about the nature of the goods at stake.

And she drew an interesting distinction, between people buying tickets to mere entertainment—that's a lesser good—and people having access to healthcare.

And so, according to that second argument, that is almost getting us, I think, to the third idea of justice, which says in order to decide what's fair, we have to consider the nature of the goods that're being distributed.

And, where healthcare is being distributed... that is such a fundamental

医師に診てもらうための整理券に値段をつけることについて、貧しい人は本当の意味で自由な選択をしているわけではないかもしれない」と解釈するのだ。

つづいて、やりとりの後半でキミコは別の議論を持ち出した。「真の自由な取引とは何か」ということではなく、対象となる財の性質にかかわる問題だ。

キミコは興味深い区別をした。ただの娯楽はより小さな善だから、そのチケットを買う人びとと、医療を受ける人びとは区別されるというのだ。

この第二の議論を通じて、われわれは正義をめぐる三つ目の考え方に導かれると思う。その考え方によると、何が公正かを決めるには、分配される財の性質を考えなければならない。

では医療はどう分配されているか。医療は人間の命と結びつい

た、人間の命を支える基本的な善［財。巻末解説参照］なので、支払い能力に左右されるべきではない。ワールドシリーズやコンサート、さらには講義などのチケットとくらべると、善［財］の性質が異なるのだ。

実に興味深い二つの議論が提起された。一つ目は、「本当の意味で自由な選択とは何か。どの程度の不平等があると選択の自由が損なわれるのか」という議論だ。

二つ目の考え方、二つ目の問題は、「対象となる財の性質を考慮すべきではないか」というものだった。

さて、これは中国の病院で起こっている整理券の転売にまつわる事例だが、医療において市場が利用される事例はほかにもある。

アメリカでは、行列ができて整理券が売買されるという例は聞いたことがないが、よく似た別の事例が見られる。

good connected to human life and the sustaining of human life that it should not depend on the ability to pay, whereas with World Series tickets or concerts or even lectures, the nature of the good is different.

So, two very interesting arguments: one having to do with the debate about what free choice really is, and how much inequality undermines the freedom of the choice.

The second idea, the second issue is... don't we have to consider the nature of the goods in question?

Now, this example about scalping tickets to see doctors in Chinese hospitals is not the only example of the use of markets in medicine.

In the United States, I'm not aware of any example in the United States of people queuing up and buying and selling tickets for appointments, but there is another practice that comes pretty close.

In recent years, many people in the United States are frustrated that it takes a long time to get an appointment with their doctor—sometimes weeks—and so some doctors have established what they call Concierge Medical Practices.	ここ数年、アメリカでは多くの人が、医師の予約をとるのに長い時間がかかるせいでイライラしている。ときには数週間もかかることがある。そこで、一部の医師が「コンシェルジュ診療」なるものを始めた。
Have you heard about these?	聞いたことのある人はいるかな？
They say, "We're not going to see hundreds and hundreds of patients anymore; we're going to take a smaller number of patients."	彼らの言い分はこうだ。「ものすごい数の患者を診るのはもうごめんだ。診察する人数を減らすつもりだよ。
Anyone who can pay $5,000 a year will be able to get an appointment the same day that he or she calls.	年に5000ドル払ってくれれば、電話したその日に予約をとれるようにしよう。
Not only that, for $5,000 a year, the doctor will even give you his mobile phone number.	それだけじゃない。年に5000ドル払ってくれれば携帯電話の番号も教えてあげよう」。
Wouldn't you like to have your doctor's mobile phone number, call anytime?	主治医の携帯番号がわかっていたらいいよね？　いつでも電話できる。
For $5,000 a year, in addition to the normal insurance payments, you can belong to a Concierge Medical Practice.	通常の保険料に加えて年に5000ドルを支払えば、コンシェルジュ診療を受けられるというわけだ。

さて、これは医療にかかわる問題だね。では北京の病院の外で整理券を売るのとはまるで違うことだろうか、それとも原理的には同じだろうか？

いま説明したコンシェルジュ診療に「道徳的に反対だ」と思う人はどれくらいいるかな？　手を挙げて。

間違っていると思う人は？

では、反対ではない人は？

これはおもしろい。北京で診察を受けるための整理券の売買に反対する人のほうが、「年に一度料金を支払えば、予約がすぐに取れる」というコンシェルジュ診療に反対する人よりも多いね。これはとてもおもしろい。

では、まずは「コンシェルジュ診療に反対ではない」という人の意見を聞いてみよう。そういう人のほうが多数派だったからね。みんなはそれをどう擁護するだろうか？

Now, this involves health.... Is it all that different from the selling of the tickets outside the Beijing hospital or is it in principle the same?

How many find the Concierge Medical Practice I've just described morally objectionable? Raise your hand.

How many think it's wrong?

And how many don't find it objectionable?

Now, that's interesting. More people object to buying and selling the tickets to see the doctors in Beijing than object to the Concierge Medical Practice where you pay once a year and you have quicker access to an appointment. That's very interesting.

So let's first hear from someone who does not find the Concierge Medical Practice objectionable. That's the majority. How would you defend it?

Yes, what would you say?

[Prof. Sandel]: There're other doctors available but they will not give you an appointment the same day you call; you'll have to wait, unless you pay some other doctor $5,000 who has a similar practice.

どうぞ、意見を聞かせてほしい。

トモエ：トモエです。
中国の場合は医師が少ないということで、患者の選択肢は限られています。ですが、アメリカの場合は一人の患者が選べる医者がたくさんいます。早く診てもらいたい人はお金を出して、そのコンシェルジュ・ドクターに診てもらえばいいのではないでしょうか。
たとえばお金がなくてコンシェルジュ・ドクターに診てもらえない場合でも、医者はほかにもたくさんいるのでそれは構わないと思います。

サンデル：医者はほかにもいるというんだね。しかし、その場合は電話をしたその日に予約を取れるわけではないんだ。待たなければいけない。同じような診療をしていても、（そのようなシステムを取っている）ほかの医師に5000ドル払わないかぎりはね。

トモエ：診てもらえないということに関しては、貧しい人も豊かな人も立場は平等だと思います。

5000ドルを払いたくない人は、払わなければ同じ平等な立場で先生には診てもらえる。でも中国の場合は、貧しい人と裕福な人の違いによってその立場が分かれてしまっていて、自由に選べないところに問題があると思います。

サンデル：わかった。では、二つのケースは道徳的に同じようなものだと思う人はいるかな？

コンシェルジュ診療には反対で、それは中国のケースと同じだと思う人は？

ほかにいるかな？　どうぞ、マイクを持っていくから。

ヨウコ：ヨウコと申します。
中国とアメリカでは豊かさがまったく違うように見えるのですが、その格差のあり方は非常に類似していることがまず前提に一つあります。
それから中国の実態。私もNHKスペシャルで見たのですが、本当にすごい。200円のチケットが6000円に変わるという、病院に入るための悪魔のチケットでし

[Prof. Sandel]: Okay, who thinks the two cases are morally similar?

Who objects to the Concierge Medical Practice and sees it as similar to the Chinese case?

Who else? Yes, we'll get you a microphone.

た。

アメリカにおけるコンシェルジュ制度は、そうした裕福な者、特権を得る者が自由な医療を受けられるという風潮を助長するものだと思います。

アメリカは本当に選択の自由がある社会なのかどうか、私たちが日本のメディアで見ている限りではわかりません。ですが実際の格差は、日本もだんだんそうなってきています。人間の正義というか、正しいものの意識に非常に影響を与えるという意味では、危惧される類似を感じます。

[Prof. Sandel]: Yes, what do you say?

サンデル：なるほど。君はどう思うかな？

キョウ：キョウと申します。
お医者さんにはライセンスが与えられますよね。人の命を扱う仕事にはノブレス・オブリージュ、高貴な者の義務のようなものがあるので、やはりお金で選ぶとかそういったことをするべきではないと思います。

もちろん商売なので、ある程度お金は必要だと思います。ですがそこをどんどん加速してしまって、

よりお金のある人により高いサービスを与えるようなことでは、道徳的にみてライセンスを受ける資格がないのではないでしょうか。

サンデル：つまり、医師はライセンスを与えられており、公共的な（意味のある）サービスをすることになっているというわけだね。報酬を得るのはかまわないが、もっとお金を儲けようとして、それを払える人を特別扱いするべきではない。

反論のある人はいるかな？　コンシェルジュ診療というシステムへの批判を聞いたのだが、それを擁護しようという人は？

ほとんどの人は擁護派だったよね。どんな意見があるかな？

うしろの人、どうぞ。いま聞いた議論、つまり「コンシェルジュ診療は不公正であり、医師の責務として、儲けられるだけ儲けようとすべきではない」という意見について、どう思う？

ヒロシ：ヒロシといいます。

[Prof. Sandel]: So doctors are licensed, they're meant to perform a public service. It's all right that they be paid, but they should not try to hold out for extra money and give special privileges to those who can afford it.

All right, who has a reply? We've heard some critics of the Concierge system. Who would defend it?

Most people defended it. What would you say?

In the back, yes. What would you say to the argument that we've just heard, that it's unfair and that doctors have an obligation not to try to make as much money as they can?

[Hiroshi]: My name is Hiroshi.

ヒロシ：中国の事例では、お金を儲けようという剝き出しの悪意が感じられます。それに対して、アメリカの事例では、貧しい人の存在があまり視野に入っておらず、「医者はお金をもらったから医療を提供する」というギブアンドテイクだけの世界で完結しています。貧しい人たちが見えていないという意味で、非難される度合いはいくらか軽減されると思います。

そのアメリカの事例は、たしかに客観的にみると非難すべきものかもしれません。ですがその場所にいた人々のこと、つまりアメリカの医師のことを考えると、貧しい人たちのことが視野に入らないということもあるのかなと思います。

[Prof.Sandel]: All right, it's an interesting suggestion that Hiroshi makes: Maybe we don't notice... In the case of the Chinese hospital, we see the poor people in the queue who wait and wait and don't get an appointment. In the case of the Concierge Medical Practice, there is no queue outside the hospital.

サンデル：なるほど、ヒロシの指摘はとてもおもしろいね。私たちは（目に入らないから）気付かないのかもしれないね。中国の病院の場合は、貧しい人が列に並んでいるのが目に見える。彼らはいくら待っても予約が取れない。一方、コンシェルジュ診療の場合、病院

の外に行列ができているわけではない。

予約を取るために長いこと待たなければならない人たちは、目に見えない、あるいはそれほど目立たない。ヒロシはそう言っている。

しかし、だからといって道徳的な違いがあるだろうか？　北京の病院の外では、人びとが通りに列をなしているのが目に入る。まったく同じようにアメリカでも、人びとが予約を取るために長いこと待っているのはわかるかもしれないが、その人たちは目に見えない。彼らは誰かが電話を取ってくれるのを、首を長くして待っているのかもしれない。

だからといって、そこに道徳的な違いがあるだろうか？

ここまでは医療について話してきたが、考えられる市場の活用法として、もう一つ別の例を挙げよう。高校にかかわる例だ。

その高校は私立高校で、とてもいい高校だとしよう。

The people who have to wait a long time for an appointment are not visible, or as visible, Hiroshi is suggesting.

But does that make a moral difference? Just because we see them on the street in the queue outside the hospital in Beijing, and we know they're waiting a long time for an appointment perhaps in the U.S., but we don't see them visibly. They're just waiting and waiting and waiting for someone to pick up the phone perhaps.

Does that make a moral difference?

We've talked about health; I want to give one other example of a possible use of a market, involving a high school.

Let's assume it's a private high school and it's a very good one.

And it has demanding standards of admission: You need high scores on your entrance exams to get in.

But, there're some wealthy parents who very much want their children to be admitted. Their children have good test scores but not at the very top.

And they offer to make a gift, a gift to the private high school, of $20 million to enable the high school to hire new teachers, to build a new library, to improve the science labs for everyone—if their child will be admitted.

Suppose you're the head of the high school. What would you do? Would you admit the student?

How many would say yes?

How many would say no?

All right, let's hear from those of you

入学基準は非常に高く、入試で高得点を取らないと入れない。

ところが、自分の子供を入学させたいと熱望している裕福な親がいる。子供の試験の成績はまずまずなのだが、必ずしもトップレベルではない。

そこで、親は寄付を申し出る。その私立高校に2000万ドルを寄付するというのだ。そのお金を使えば、高校は新しい教員を雇い、新しい図書館をつくり、実験室も改修できる。これはみんなのためになる。ただし、彼らの子供の入学を認めればの話だ。

自分がその高校の校長だとしたら、どうするかな？　その生徒の入学を認めるだろうか？

認めるという人はどれくらいいるかな？

認めないという人は？

よろしい、では、入学を認めると

いう人の意見を聞いてみよう。

あなたはその高校の校長で、その生徒を入学させる。それはどうしてだい？

ダン：ダンといいます。娘が二人いるのですが、あと何年かすれば高校に入ります。

私が校長あるいは理事長なら、その生徒たちを入学させます。2000万ドルあれば、私の娘だけでなく、ほかの貧しい生徒も入学させてあげられます。

サンデル：それは成績のいい人かな？

ダン：そうです。

サンデル：君の娘よりも成績はよくすらあるが、入学できるだけのお金を持っていない人たちだね。

ダン：だから学校に失うものはないんです。先生ももっと雇えるわけですから、彼らも入学させられるのです。そうですよね。

who would admit the student.

You're the head of the high school. You would admit the student... Why would you admit the student?

[Dan]: My name is Dan and I happen to have two daughters who are destined to go to high school in several years.

If I were the man or the Principal or Chancellor of the school, I would admit them because with $20 million, you can not only accept my daughters but also other poor students.

[Prof. Sandel]: ...who have high test scores?

[Dan]: Right, right.

[Prof. Sandel]: Higher than your daughters' even, but who can't afford to come.

[Dan]: So the school's got nothing to lose, they're admitted too because we can hire more teachers as well, right?

[Prof. Sandel]: That's interesting.

[Dan]: They have nothing to lose.

[Prof. Sandel]: Nothing to lose. What's your name again?

[Dan]: Dan.

[Prof. Sandel]: Dan? Okay, so Dan says if he were the Principal, he would admit that student, take the $20 million and give scholarships to poor but excellent students who could not otherwise afford to attend.

And he would even hire extra teachers—this is an interesting part of Dan's proposal—so he could admit more excellent students along with his not-so-excellent daughters.

[Dan]: Yeah, it would be wrong if the student who deserves to be in the high school got kicked out because of my daughters, but that's not going to happen.

サンデル：おもしろいな。

ダン：失うものは何もないんです。

サンデル：失うものはないということだね。もう一度、名前を言ってくれるかな？

ダン：ダンです。

サンデル：ダンだね？　わかった。ダンの意見はこうだ。自分が校長ならその生徒を入学させる。2000万ドルを受け取ったら、それを使って貧しいが優秀な生徒に奨学金を出す。奨学金がなければ高校に通えない生徒だ。

そして、ここがダンの提案のおもしろいところだが、教師をもっと雇いさえする。そうすれば、優秀な生徒をもっと入学させてあげられる。成績抜群とまではいえない彼の娘さんと一緒に。

ダン：はい。私の娘のせいで、入学にふさわしい生徒が締め出されるとすれば、それは悪いことでしょう。でも、そうはならないのです。

サンデル：なるほど。ダンはおもしろい提案をしてくれた。大きな課題を投げかけているんだ。

ダンが言うには、自分の提案を受け入れても（入学という）地位を失う人はいない。2000万ドルあれば入学する生徒を増やせるからだ。

そうすれば、ダンの娘が入学する際にはじき出されたかもしれない優秀な生徒さえも入学できる。みんなが得をするわけだ。

では誰もがダンの考えに賛成するだろうか？　誰もが得をするのだろうか？　どうだろう。

ダンに賛成の人はどれくらいいるかな？　ダンの考えを認める人は？

ダンを最高の高校の校長にしたい人はどれくらい？

ダン：どうもありがとう。

サンデル：でも、あまり票は入ら

[Prof. Sandel]: All right, so Dan has an interesting proposal, he puts a big challenge.

Dan says no one loses a place on his proposal, the $20 million is enough to increase the intake, the number of students accepted.

So even the excellent student, who might've been excluded when Dan's daughters were admitted, will be able to come. Everybody's better off!

Does everyone agree with Dan? Everybody's better off? Yes?

How many agree with Dan? How many endorse Dan's idea?

How many want to elect Dan Principal of the best high school?

[Dan]: Thank you.

[Prof. Sandel]: Well, you didn't get all

that many votes actually.	なかったね。
How many agree? Put up your hand.	いまの意見に賛成の人、手を挙げてくれるかな？
How many disagree with Dan's proposal?	では、ダンの提案には賛成できないという人、どれくらいいるかな？
Why do you disagree? Isn't everybody better off? Doesn't everybody gain?	どうして賛成できないのだろう？みんなが幸せになる、みんなが得をするんじゃないかな。
Yes, in the back, why do you disagree?	どうぞ、うしろの人。立ち上がって。
	アキヒロ：アキヒロといいます。私がダンさんの意見に反対するのは、お金を払った生徒を入れることで入れなかった生徒が生まれるからです。仮に学校に多額の寄付金を払って、学校の施設などを充実させるとしても、その一人の生徒を入れないことは正義ではない。それは公平ではないと思います。
[Prof. Sandel]: All right, but let me ask you... Let me put this to you, Akihiro. Dan anticipated your worry.	**サンデル**：わかった。では、君にこうたずねたいのだが、アキヒロ。ダンは君の懸念を前もって予想していたんだ。

市場に道徳的な限界はあるか？

彼はその反論を予想していた。とても強力な反論だよね。裕福な親の娘を入学させることによって、もっと成績のいい受験生が入学できないとすれば、それは不公正だ。そんなことがあるとすれば、君の言うとおり不公正になるだろう。

でもダンはその問題についてはすでに考えていた。そこで、彼はこう提案したんだ。2000万ドルの寄付金を使って新しい教師を雇い、新しい教室もつくる。そうすれば、より多くの生徒を受け入れられるようになる。

だから、2000万ドルの寄付金によって（寄付者の子供と共に）彼の娘も入学しても、そうでない場合に入学を認められたはずの生徒は誰もその地位を失わないんだ。

実際には、それ（寄付金の受け入れ）によって入学定員は増える。それで不公正さはなくなるだろうか、どう思う？

アキヒロ：そうですね。アンフェア[不公正]という要素はなくなっ

He anticipated the objection—and it's a strong objection—that admitting the daughter of the wealthy person will be unfair to the strong candidate who is denied admission. That would be unfair, you suggest.

Dan already thought of that problem because he provided that the $20 million will be used to hire a new teacher and create a new classroom so more students can be accepted than without the $20 million.

So his daughter, coming with the $20 million, will actually not deny anyone a place who would've been admitted without his $20 million.

In fact, it may create more places. Does that remove the unfairness, do you think?

[Prof. Sandel]: Well, I think Dan would say no, not necessarily, because you can give scholarships to very brilliant students who would otherwise not be able to afford to come. What about that?

[Dan]: Thank you!

[Prof. Sandel]: So now you are agreeing with Dan?

たと思いますが、それを助長していくと、その学校の品位が……。2000万ドル払う人が何人もいれば、学校は大きくなっていきますが、それが……

ダン：学校の品位が落ちると？

アキヒロ：はい。

サンデル：そうだね、ただダンは、「いや必ずしもそうはならない」と言うんじゃないかな。だって、きわめて優秀な生徒に奨学金を出せるようになるんだから。奨学金がなければ貧しくてその高校に入れない生徒にね。それならどうだろう？

アキヒロ：確かに大丈夫……。

ダン：ありがとう！

サンデル：では、ダンに賛成ということかな？

アキヒロ：ただ何か……というところですよね。ほかの方にゆずります。

サンデル：わかった、そうしよう。

では、アキヒロはそれでも「何かが欠けている」と思うんだね。ダンが入学者枠を増やすことによって不公正さを解消しても、それでも何かが間違っていると感じるんだね。

アキヒロはほかの人に、それでも間違っているように見える点を明確にしてもらいたいということだった。では、依然としてこれについて反対すべき点について説明できる人はいるかな。ダンが見越していた不公正さがなくなっても、まだ何かおかしいのではないか。君はどう思う？

カン：カンといいます。ここには道徳的に大きな誤りがあると思います。親は2000万ドルを寄付すると言いながら、その見返りを求めているとすれば、言葉の意味からしてそれは寄付とは言えません。

結局のところ、親は入学を保証してもらうために2000万ドルを払っているのであり、高校がそれ

[Prof. Sandel]：All right, that's fair enough.

So Akihiro thinks still there is something missing here; even if Dan deals with the unfairness by adding places, still, something seems wrong about this.

And Akihiro has left it to others to articulate what still seems wrong about this. Is there someone who can explain what still is objectionable about this even if you remove the unfairness that Dan anticipated? What do you think?

[Kan]: Hi, my name is Kan. I think there's something morally very incorrect here in that the parent is saying that he's going to donate $20 million, but by definition, if he's asking something in return, it's not a donation.

So essentially he's paying $20 million for guaranteed admission, and if the school accepts this payment, then it's breaking its own rules. I assume that there is no such rule at this school.

[Prof. Sandel]: So it's not breaking a rule? Kan, what we're really asking is: What should the rule be?

And at Principal Dan's school, there is no rule against accepting payment.

The question is whether that's a good rule or a bad rule, a just rule or an unjust rule—what do you think?

[Kan]: I think the rule should not be based on payment; a school should accept students based on its academic skills.

And assuming that the school has that rule, by breaking its own rule, it's not moral.

を受け取るなら、みずからのルールを破っていることになります。この高校にそんなルールがあるはずはないと思います。

サンデル：いや、ルールを破ってはいないのではないかな？　カン、私たちが本当に尋ねているのは、どういうルールにすべきかということなんだ。

ダン校長の学校には、報酬を受け取ってはいけないというルールはない。

問題は「それが良いルールなのか悪いルールなのか。正義にかなうルールなのか不正なルールなのか」ということなんだ。どう思うかな？

カン：（入学の）ルールは、支払われるお金をもとにすべきではないと思います。学校というものは、学力をもとに生徒を受け入れるべきです。

その学校がそういうルールを持っているとすれば、みずからのルールを破ることは道徳的とは言えま

市場に道徳的な限界はあるか？

せん。

サンデル：では、こう考えてみよう。ダン校長の学校のルールでは、入学試験の成績順に生徒を入学させる。

だがときどき、入試の成績はそれほど良くない生徒でも、親が2000万ドル払うなら入学させる。そういうルールだとしよう。

これは良いルールだろうか、悪いルールだろうか。公正なルールだろうか、不公正なルールだろうか。どう思うかな？

カン：それは悪いルールです。この問題は、以前ハーバードの講義でお話しになったアファーマティブアクション［積極的差別是正措置］と多少関連すると思いますが、こうしたルールは生徒自身にとって価値もなければ公正でもありません。親が裕福かどうかは、生徒や受験生の力ではどうにもならないことだからです。

サンデル：親が裕福かどうかは、受験生の力ではどうにもならない

[Prof. Sandel]: But let's assume that the rule, at Principal Dan's school is: We take the students with the highest entrance exams...

And once in a while, we'll take some students with not such high entrance exams if their parents pay $20 million—that's the rule.

Is that a good rule or a bad rule, a fair rule or an unfair rule, do you think?

[Kan]: Well, that's a bad rule because it kind of relates to the affirmative action that you previously discussed at the Harvard lectures in that it doesn't give merit or fairness to the student, his, him or herself, because the wealth of the parent is not something that the student or the applicant can control.

[Prof. Sandel]: The wealth of the parent is not something that the applicant can control, so it's unfair, Kan says, to base admission on the parent's wealth, even if it helps everyone else in the school.

[Kan]: Yes, morally it's wrong.

[Prof. Sandel]: Morally it's wrong because admission to schools should be based on academic merit only, not the parent's wealth?

[Kan]: Yes, in terms of the social purpose that the school plays.

[Prof. Sandel]: And what does the social purpose of the school play?

[Kan]: The social purpose of the school is to educate not based on economic status or something else.

In theory or ideally, it should educate based on the academic skills as the main reason.

ことだから、それをもとに入学を決めるのは不公正だというのが、カンの意見だ。たとえ、それによってほかの生徒全員が助かるとしても、ということかな。

カン：はい、道徳的に間違っています。

サンデル：道徳的に間違っている理由は、入学資格というのは学力だけにもとづくべきであって、親が裕福かどうかによるべきではないということだね？

カン：学校の社会的な目的を考えれば、そうなると思います。

サンデル：では、学校の社会的な目的とは何だい？

カン：学校の社会的な目的というのは、経済状態やほかの何かにもとづいて教育することではありません。

理論的には、あるいは理想的には、学力を主な理由として教育すべきです。

サンデル：学校は、最も学力のある生徒を入学させるべきなんだね？	[Prof. Sandel]: It should take the academically most outstanding students?
カン：そうです。	[Kan]: Yes.
サンデル：そういう生徒こそ、入学するのにふさわしいということだね？	[Prof. Sandel]: They deserve to be admitted?
カン：はい。	[Kan]: Yes.
サンデル：金持ちを入学させるのは間違っているんだね？	[Prof. Sandel]: And it would be wrong to let wealth enter in?
カン：はい。	[Kan]: Yes.
サンデル：君はさっきこう言ったね。入学資格に裕福さを含めるべきでないのは、それが生徒の力ではどうにもならないことだからだ、と。	[Prof. Sandel]: You say admissions should not reflect wealth because that's beyond the student's control.
では、どれくらい頭がいいかということは、生徒の力でどうにかなると思うかい？	Do you think it's within the student's control how intelligent he or she is?
カン：はい、100パーセントではありませんが。でも、ある程度まで、たぶん50パーセントくらい	[Kan]: Well, yes, not 100 percent. Not 100 percent but yes, to a certain extent: probably 50 percent or so.

[Prof. Sandel]: 50 percent?

[Kan]: The rest depends on the chance or the fact of being born into that family or the environment.

[Prof. Sandel]: Does that mean that accepting students based on entrance exams is 50 percent unfair?

[Kan]: Well, no, because that's testing that 50 percent, so it's fair because the rest, the other 50 percent, you can't do anything about it particularly.

[Prof. Sandel]: Well, that's one question. Another question has to do with... well, suppose Kan is right that wealth should not play a factor in admission.

There was recently a study in Japan of the economic background of students who score well on entrance exams, high academic achievers.

サンデル：50パーセント？

カン：残りはチャンスや、その家族や環境に生まれたという事実に左右されると思います。

サンデル：だとすると、入学試験をもとに生徒を受け入れても、50パーセントは不公正だということかな？

カン：いいえ、入学試験によってテストするのは50パーセントですが、それでも公正な理由は、残りの50パーセントについては特に何もできないからです。

サンデル：では、一つ質問しよう。もう一つの質問は、カンが正しいと仮定したうえでのものだ。つまり、裕福さによって入学資格が左右されてはならないとする。

最近、日本である調査が行われた。入学試験で好成績を収めた生徒、学力の高い生徒の経済的背景についての調査だ。

それによると、年収1200万円から1500万円という裕福な親を持つ生徒は、貧しい家庭の子供、親の年収が200万円未満の子供よりも、成績が20パーセントいいことがわかった。

カン、もし君が、入学審査においては、試験、テストの成績、学力が評価されるべきであり、裕福さは関係ないと考えるなら、この調査結果についてはどう思うだろうか？　裕福な家庭の子供のほうが、貧しい家庭の子供より成績がいいということなのだが。

カン：その事実は否定しません。それは実際に事実であり、この社会が完全には正義にかなったものでないことの結果だからです。

しかし、「学校の入学資格を純粋に、あるいは可能な限り、学力だけにもとづかせよう」という考え方を取る理由の一つは、そうした現実を改めようとするからなのです。子供にはどうにもならない残りの50パーセントを改めようと試みているからなのです。

The study found that students whose parents are affluent with an annual income between ¥12 million and ¥15 million scored 20 percent higher than children from poor families, children whose parents' annual income is less than ¥2 million.

If you think, Kan, if you believe that exams, test scores, academic achievement should be rewarded in admissions and that wealth should play no part, what do you make of this finding that children from wealthy families score higher than children from poor families?

[Kan]: Well, I don't deny the fact because that's a practical fact and it's the result of our society not being purely just.

But one of the reasons of trying to base school admission purely, or as purely as possible, on academic merit is also that you're trying to correct for that, the other 50 percent that the child has no control over.

[Prof. Sandel]: Let's see... thank you very much, well done.

Let me see if, is there anyone else who can explain why there is a lingering sense that even if no one is excluded from Dan's school, there's something wrong with the payment?

Does anyone have a reason that hasn't yet been offered?

Yes, go ahead.

[Junko]: Hi, I am Junko. It's because we haven't talked about a really fundamental basic thing tonight yet, which is money, about money.

I think something missing is about the money; money makes all the difference and the money bothers people a lot— that's why, because you see...

[Prof. Sandel]: But should it bother people? That's what we want to know. Should it bother people?

サンデル：どうもありがとう。とても良かったよ。

では、ほかに説明できる人はいるかな？ ダンの学校からは誰も締め出されないというのに、いつまでも何か引っかかるのはどうしてか。寄付金を払うことの何が悪いのか。

まだ挙がっていない理由を言える人はいるかな？

はい、どうぞ。

ジュンコ：ジュンコです。本当に基本的なことがまだ話題になっていません。つまり、お金のことです。

欠けているのはお金のことだと思います。お金はあらゆる違いを生み出し、人を大いに悩ませます。というのは……

サンデル：でも、お金が人を悩ませることになるだろうか？ それが知りたいんだ。お金が人を悩ませることになるかい？

ジュンコ：はい。

サンデル：締め出される人はいないのに、なぜお金がわれわれを悩ませるんだい？

ジュンコ：お金持ちもいれば、そうでない人もいるのだから、不公正だと思うのです。

サンデル：でも、試験の成績をもとに入学資格を認めるとしても、裕福な家庭の子供が有利になるんだよ。

ジュンコ：はい、その点については、彼（カン）に全面的に賛成です。お金の使い方が問題だからです。

最初の話題は医療でしたが、これについては自分ではどうすることもできません。教育やコンサートといったものについては、そしてそれ以外にも、人間の生活にとって欠かせない要素があります……

サンデル：そうだね、医療とか、教育とか。

[Junko]: Yes.

[Prof. Sandel]: No one is excluded; why should it bother us?

[Junko]: Because they think it's unfair to those who are rich or those who have a lot, or less.

[Prof. Sandel]: But basing admission on examination scores gives an advantage to kids from rich families.

[Junko]: Yes, about this topic, I totally agree with him, because how they use the money, is a matter to me.

Because the first topic about the mental issues then health, that is something you cannot do anything about by yourself, about education, about the concert, or about something else then, besides that, some elements are fundamental to human lives.

[Prof. Sandel]: Yes, health, yes, education?

[Junko]: Education is still... there are some options, and some things you can do better because besides the money because if you can work really well,—study well—you can have an opportunity to get a better education. But about health, this problem happens all over the world—wealth can buy everything.

[Prof. Sandel]: All right, good.

[Junko]: You still cannot live forever but you can still extend your life... you know, with the Botox and everything that will make you look better...

[Prof. Sandel]: Botox?!

[Junko]: Yes, I am sorry, that is a little bit off the point... but you can get a new heart, you can transplant your heart and everything else.

[Prof. Sandel]: To extend your life, all right. Let's take a look at the two examples where people seem most to object, thank you.

ジュンコ：教育の場合はまだ選択肢があります。状況を改善するためにできることがあります。お金がなくても、一生懸命努力すれば、いい教育を受けるチャンスはあります。しかし、医療の場合はそうはいきません。これは世界中で起こっている問題です。お金があれば何でも買えるのです。

サンデル：なるほど。

ジュンコ：永遠に生きることはできませんが、それでも、命を延ばすことはできますし、しわ取り注射やら何やらで見た目をよくすることもできます……

サンデル：しわ取り注射？

ジュンコ：はい、すみません。ちょっと脱線したかもしれませんが、でも心臓移植を受けたり、とにかく何でもできるんです。

サンデル：命を延ばすためにだね。では、最も反論が多いと思われる二つの例を見てみよう。どうもありがとう。

売買することに最も反論の多い例だ。娯楽が問題の場合、つまりコンサートやワールドシリーズのチケットの場合は、反論はあまりない。それに対し、医療にかかわる問題では、人びとの懸念が大きくなった。教育は両者の中間にあるようだった。

一方に娯楽、もう一方に健康、教育はそのあいだの善［財］だ。

さて、ここでまず、これまでの議論、つまり、医療と教育の分野で市場を利用することへの反対について見ておきたい。

そうした反対の一つは公正さをめぐるものだった。貧しい人たち、お金を持っていない人たちにとっての公正さについての反対だね。ここでは、「不平等のせいで自由な選択が損なわれるか否か」という問題について考えた。

次に検討したもう一つの議論は、売買される財の性質にかかわるものだった。

People seem most to object to buying and selling. People objected not too much where entertainment was at stake—concerts, World Series tickets—people worried more where health was involved; education seemed somewhere in between the two.

Between entertainment on the one hand, and health on the other, education as a good.

Now, let's notice, first, let's notice something about the arguments, the objections to markets in the realm of health and education.

Some of those objections are objections about fairness—fairness to those who are poor, who don't have the money—and we looked at the question, "Does inequality undermine free choice?"

And then we considered another set of arguments having to do with the nature of the goods in question.

There seems to be a sense that where the goods are especially important to human flourishing, we should worry more about markets than where the good being distributed is less central to human flourishing.

人間が活躍するために特に重要だと感じられるような財の場合には、そうした財を市場で取引することはより憂慮されるべきだ。人間の活躍にとってそれほど主要ではない財を分配する場合に比べてね。

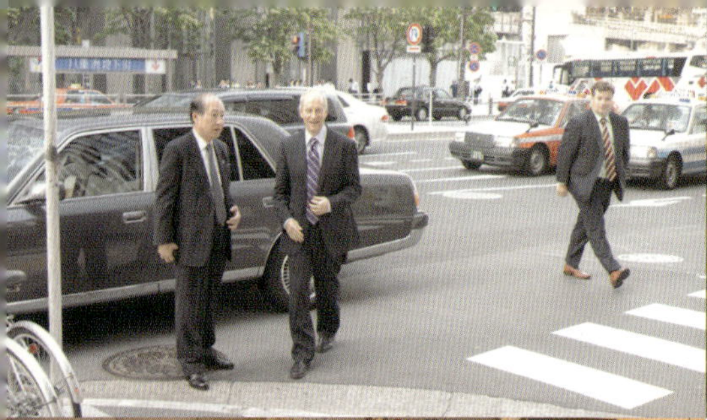
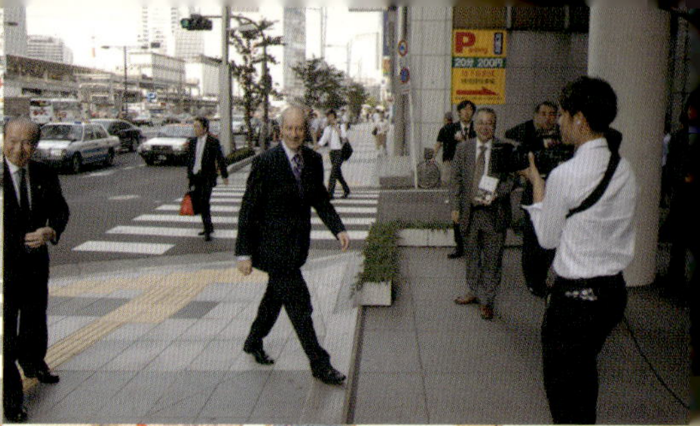
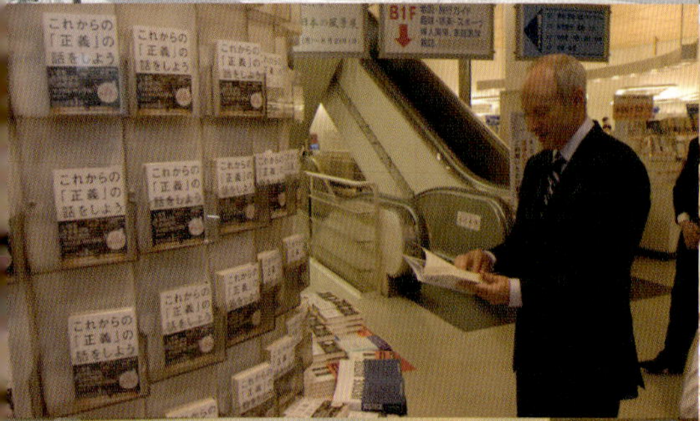
これからの「正義」の話をしよう
B1F
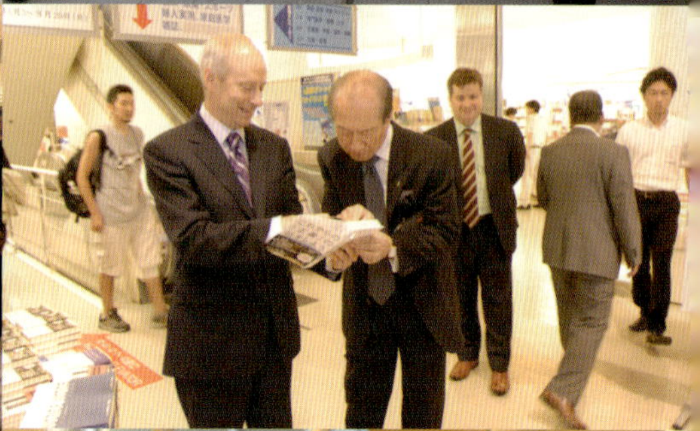
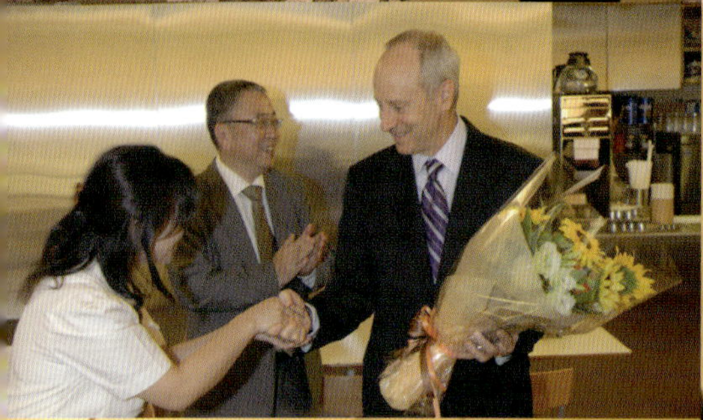
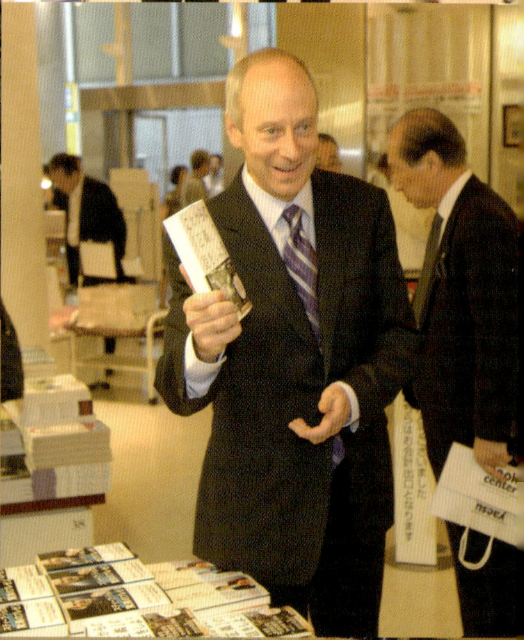
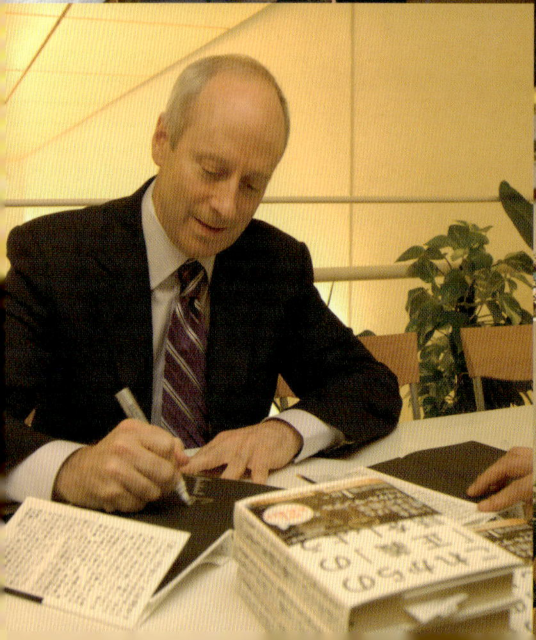
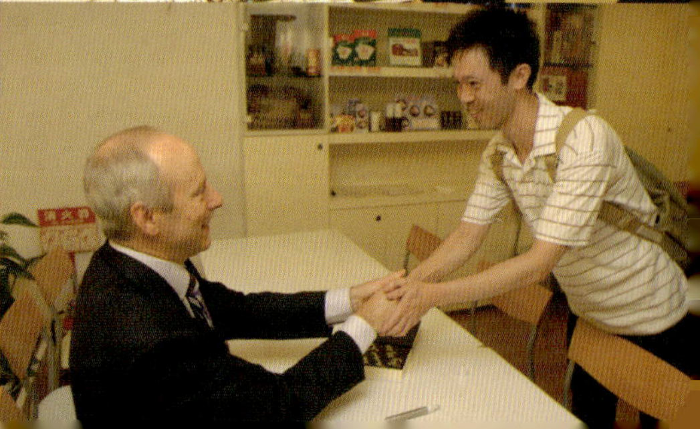

今後、書籍化、
収録、及びその
なされぬよう。

6channel:ENGLISH

マイケル・サンデル教授
これからの「正義」の話をし
5チャンネル・日本語
6channel:ENGLISH

これからの「正義」の話をしよう

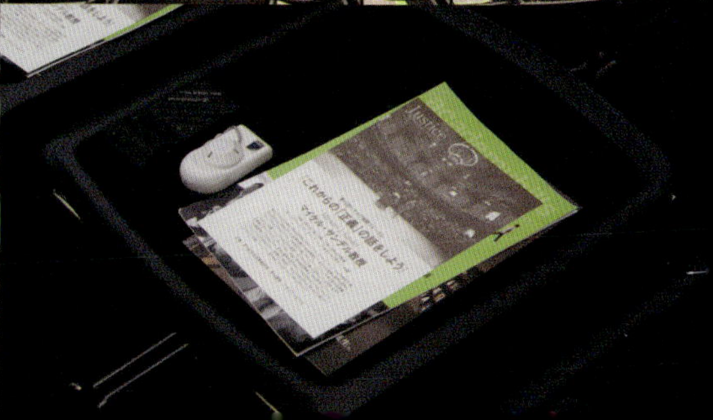
これからの「正義」の話をしよう
マイケル・サンデル教授

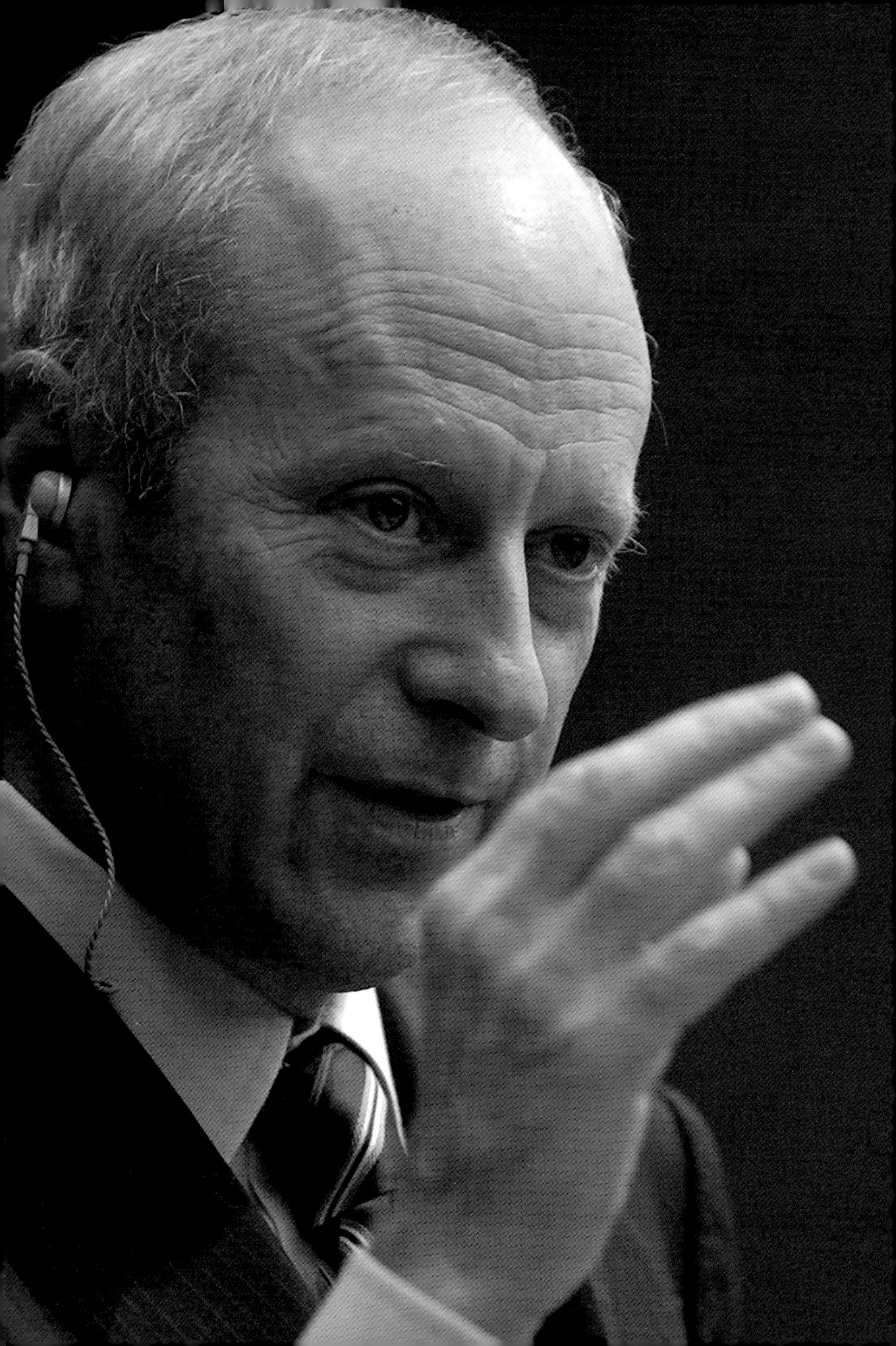

議論②
バイオテクノロジー：
遺伝子工学がもたらす危険

[Prof. Sandel]: Having identified those different arguments, let's put aside markets for the moment and turn to our other subject, biotechnology.

For centuries, parents have tried to figure out ways of choosing the sex of their child.

Today, science has succeeded where folk remedies failed.

It is now possible to choose in advance the sex of your child, whether to have a boy or a girl. You know how it's possible to do that?

Through the use of assisted reproduction it's possible to screen embryos and to implant the embryo of the sex you want; it's possible with almost 100 percent certainty to conceive a boy or a girl.

Now, let's take the example of sex selection—parents choosing whether their child will be a boy or a girl. Is anything wrong with that? Does it

サンデル：これらの別々の議論を確認したところで、市場の問題をしばらく離れ、もう一つのトピック、バイオテクノロジーの問題に移ろう。

数世紀にわたり、親は男女を産み分ける方法を模索してきた。

現代では、科学の力によって民間療法では不可能だったことが可能になっている。

産まれる前に子供の性を、男の子にするか女の子にするかを選べるのだ。その方法を知っているかな？

生殖補助医療を使えば、胚を選別して、望みの性の胚を着床させられるそうだ。ほぼ100パーセントの確率で、男の子でも女の子でも好きなほうを妊娠できる。

では、この男女産み分けの事例、男の子を産むか女の子を産むかを親が選ぶことについて議論しよう。これはどこか間違っているだ

ろうか？　何か気になるところがあるだろうか？

「男女の産み分けは道徳的に問題がある。反対だ」と思う人はどれくらいいるかな？　手を挙げて。

では、反対ではない人は？「それは許される。道徳的にも構わない」と思う人、どれくらいいるかな？

おもしろい分かれ方だね。大半の人は反対だが、賛成の人もかなりいる。

では、まず「反対だ」という人の意見を聞こう。男女産み分けの何が間違っているのだろうか。何が気になるのだろうか。子供の性を選ぶことはなぜ問題なのだろうか。男の子がほしい人もいれば、女の子がほしい人もいるはずだが、それのどこがいけないのだろうか？

どうぞ。

ゴウヘイ：ゴウヘイといいます。

bother you?

How many find sex selection morally troubling, morally objectionable? Raise your hand.

And how many don't? How many think it's permissible, it's morally okay?

There's an interesting division. The majority object, but a sizeable minority have no objection.

Let's hear first from those who object. What's wrong with it, what bothers you about it, why is it morally troubling to choose the sex of your child? You want a boy, you want a girl... What's wrong with that?

Yes.

[Gohei]: My name is Gohei.

[Prof. Sandel]: So you think there's no good reason to choose, to prefer one over the other. When you become a parent, you won't care whether you have a boy or a girl.

[Prof. Sandel]: Yes, you like surprises.

[Prof. Sandel]: Gohei likes surprises; he thinks it would be better not to know. He doesn't want to determine whether he has boys or girls.

But Gohei, not everybody agrees with you. Not everybody likes surprises of that kind.

その子供が産み分けられたあとどういう人生を歩むかまではわからないので、分けたところであまり効果がないと思います。ですので分ける必要はないと思います。

サンデル：つまり、どちらを選ぶにしても、いい理由が見つからないと思うんだね。では、君が親になるときには、男の子でも女の子でも気にしないね？

ゴウヘイ：そうですね。そっちのほうが楽しめると思います。

サンデル：本当かい？　では、君は驚くのがいいということかな？

ゴウヘイ：そうです。

サンデル：ゴウヘイは驚くのがいいという。知らないほうがいいと思っている。男の子か女の子かを自分で決めたくはないのだ。

でも、ゴウヘイ、みんなが君と同じ意見とはかぎらないよ。そんなふうに驚きたくないという人もいる。

男の子だけがほしいという人もいれば、女の子だけがほしいという人もいるんだ。テクノロジーのおかげで、可能になっているのなら、そういう人が自分自身で自由に決めてはいけないのはなぜだろうか？　どこが間違っているのかな？

ゴウヘイ：その時点では、その親にとって男の子であることはよくないことかもしれません。けれど、もしかしたらその男の子が将来、その親のことを幸せにしてくれるかもしれない、という可能性があると思うからです。

サンデル：もう少し反対意見を聞いてみよう。男女産み分けは好ましくないという人はほかにいるかな？　前もって子供の性別を選ぶのは間違っていると思う人は？　はい、どうぞ。

ヒロミ：ヒロミといいます。

男女産み分けを認めるということは、個人のレベルでは確かにいいことかもしれませんし、その人にとっては利益があることかもしれ

Some people just want a boy or just want a girl. Why shouldn't they be free to decide that for themselves if technology makes it possible? What's wrong with that?

[Prof. Sandel]: Let's get a few more objections. Who else does not favor sex selection, who else thinks it's wrong to choose in advance the sex of your child? Yes, go ahead.

[Hiromi]: My name is Hiromi.

[Prof. Sandel]: I see. So it's scary to imagine that people would make a business out of this and try to produce lots and lots of boys to create an army, or a baseball team even.

But I doubt many parents would try to do that—most parents don't want to have that many children—but you fear that some businesses would pay parents to produce many, many boys or many, many girls and sell them into prostitution.

Well, I agree these are horrible scenarios,

ません。ですが、よく考えてみると大変怖いことだと思います。先ほどから言われている自由主義の考え方でいくと、たとえば男性ばかり産ませて軍隊をつくるとか、あるいは女性ばかり産ませてそういう対象にするといったことまで考える人たちが出るのではないでしょうか。それがとても怖いです。

サンデル：なるほど。こんな想像をするとおそろしいということだね。つまり、それによってビジネスをしようとする人が、男の子をどんどん産んで軍隊をつくろうとする。あるいは野球チームでもいいよね。

でも、そんなことをしようとする親は少ないと私は思うし、そんなにたくさんの子供を産みたいという親もほとんどいないはずだ。でも君は、一部の企業が親にお金を払って、たくさんの男の子を産ませたり、あるいはたくさんの女の子を産ませて売春婦にするのではないかとおそれているんだね。

確かに、ぞっとするシナリオだと

私も思う。でも、そういうビジネスは簡単に禁止できるんじゃないかな、親に子供の性別を選ぶ権利を持たせたままでも。

そこで、君の意見を取り入れよう。そんなビジネスは法律で禁止してしまうんだ。男の子ばかり産ませて軍隊をつくるとか、女の子ばかり産ませて売春婦にするとかいったビジネスは違法とする。

それは法律によって禁止すべきだとして、愛情を持った普通の親で、男の子をほしいとか女の子をほしいとか思っている人たちが、テクノロジーを使って子供の性別を選ぶことも同じように法律で禁止すべきだろうか？

親が子供の性別を選ぶことに反対の人はほかにいるかな？　その理由を言える人。

反対の人はもっといたよね、もっといろんな理由があるはずだ。

子供の性別を親が選ぶことは、どこが間違っているのだろうか？　どうぞ。

but we could easily ban businesses like that without preventing parents from choosing the sex of their children.

So, let's take your suggestion and make it against the law to have businesses that produce lots of boys to create armies or lots of girls to sell them into prostitution.

Let's say the law should prohibit that. Should the law also prohibit ordinary, loving parents who really want to have a girl or a boy, from using technology to choose that?

Who else objects to it and who can give us a reason?

There were more people who objected, there must be many more reasons.

What's wrong with letting parents choose for themselves the sex of their child? Yes?

[Eijiro]: My name is Eijiro.

[Prof. Sandel]: So the parents are making the choice and the child has no say in the matter.

The parents are deciding whether the child will be a boy or a girl, and the child has no freedom to make this choice. That's what Eijiro says.

Who has an answer to Eijiro? What

エイジロウ：エイジロウといいます。

胎児を男の子で産むか、女の子で産むかということについて、親はもちろん自由な選択をしています。けれども、そこで生まれてくる胎児自身の意志が全く無視されているように私は思います。
胎児がこの世に生まれてない時点で、「私は男に生まれたい」「女に生まれたい」ということがいえるのならばまだ考えられます。けれども胎児自身はそうした意志を表明できないわけですから。親が胎児の意志を無視して男か女かを決めるのは間違っているんじゃないかと思います。

サンデル：親は性別を選んでいるが、子供は口を挟めないということだね。

親が男の子か女の子かを決めてしまい、子供には選択の自由がない。それがエイジロウの意見だ。

エイジロウに答えられる人はいる

かな？　この点についてはどう思うだろう？

親が性別を決めてしまったら、子供の選択の自由が侵害されるのではないだろうか？　どう思う？

誰か答えられる人は？

カメ：カメタニといいます。カメと呼んでください。医師をしています。

男女の産み分けは、人間がどんな世界でも絶対にしてはいけない、「殺す」ということにつながります。男と女、どちらがというふうになると、自分の望まないものは消し去るしかないんです。医療現場では、チョイスをすることは「望まないものは捨てる、消し去る」ということです。これが最もしてはいけない理由です。

サンデル：では、その点について考えてみよう。

カメは医師であり、子供の性別を選ぶことは殺人を伴うと言っている。

about that?

Doesn't this violate the freedom of the child if the parents are deciding the sex? What about that?

Who has a reply? Yes?

[Kame]: My name is Kametani. Please call me Kame. A medical doctor.

[Prof. Sandel]: All right, so let's stay with this point.

Kame is a doctor who points out that to choose the sex of a child involves killing.

Now, we have to be clear about what kind of killing is involved.

Some sex selection is done by ultrasound and then abortion if the developing fetus has the wrong, the so-called wrong, sex.

And in many countries today, ultrasound is used as a way of determining the sex of the developing fetus.

And, if it's not the desired sex—usually if it's not a boy—there is an abortion for reasons of sex selection. So that would be an example of the killing that you're referring to?

[Kame]: Yes.

[Prof. Sandel]: Now, another way of sex selection does not involve abortion, but involves screening embryos where the egg and the sperm have come together and there is no fetus yet—it's just an embryo, a microscopic embryo at the first few days of cell division, of development.

はっきりさせなければならないのは、ここで言う殺人とはどんなものを指しているか、ということだ。

男女産み分けの一つの方法に、超音波を使うものがある。超音波を使い、発育中の胎児がいわゆる間違った性だとわかると中絶する。

現在では多くの国で、発育中の胎児の性別を見分けるのに超音波が利用されている。

もし望みの性でなければ、普通は「男の子でなければ」ということだが、男女産み分けという理由で中絶するのだ。これが君の言う殺人の例だろうか。

カメ：そうです。

サンデル：男女産み分けの方法はもう一つある。中絶するのではなく、胚を選別するという方法だ。胚は、卵子と精子が一つになってはいるが、まだ胎児にはなっていない段階にある。それはまだごく微小な胚にすぎない。細胞分裂が始まって最初の数日間はそういう

状態にある。

男の子になる胚、あるいは女の子になる胚を選べば、それ以外の胚が処分されるのは確かだが、この場合でも殺人になると思うかい？

カメ：はい、そう思います。

サンデル：胚を処分することが殺人になるかどうかは、どこから人格が始まると見るかによって決まる。道徳的な意味で殺人にあたるかどうか、という問題だね。

ここで男女産み分けのもう一つのテクニックを紹介するので、それにも反対かどうかを教えてほしい。

一部の人が男女産み分けに反対するのは、胚を処分するのは道徳的に間違っているからだという。つまり、それは人の命を奪うことだからというのだ。

だが、男女産み分けのテクニックはもう一つある。それを使えば、胚を処分する必要はない。

アメリカのある会社は、精子選別

It is true that, by choosing the embryo that will be a boy or that will be a girl, the other embryos are discarded. Is that also killing, do you think?

[Kame]: I think so too, yes.

[Prof. Sandel]: Now, whether discarding embryos is killing depends on one's view about when human personhood begins, whether it's killing in the morally relevant sense.

Let me put to you another technique of sex selection, and see whether you would object to it.

Some object to sex selection because they believe discarding an embryo is morally wrong, killing a human life.

There's another technique of sex selection that does not require discarding any embryos.

There is, in the United States, a company

that does sperm sorting, sex selection by sperm sorting.

Some sperm carry a male chromosome and some, a female. And it's possible to separate the sperm before there is even an embryo.

Now, if you're worried about killing embryos, which is an objection that many people have, you could do sex selection : It's slightly less accurate, but you could still do sex selection through sperm sorting, no killing of embryos.

Would sex selection still be wrong, do you think? Or would that be all right?

[Prof. Sandel]: All right, but now you're

法を用いている。精子の選別によって男女を産み分ける方法だ。

精子には男性の染色体を持つものと、女性の染色体を持つものがある。そして、胚になる前に精子を選別することができるのだ。

そこで、胚を殺すことが心配だとしても、多くの人はそれを反対理由に挙げるのだが、男女の産み分けはできる。この方法のほうがわずかに精度は低いが、それでも精子選別法を使えば、胚を殺すことなく男女を産み分けられる。

この場合でも男女産み分けは間違いだと思うかい？　それともこれなら問題ないかな？

カメ：細胞レベルでも殺すという点についていうと、先生の言われる、科学的な方法に賛成です。ただし、もう一つの論点については、「男女産み分けに反対する根拠は、生命はすべて人間が決めるものではないから」という私の主義からは不賛成ですね。

サンデル：いま君は、非常に興味

深い別の反論を提起したね、カメ。たとえ殺すことにはならなくても、男の子か女の子かを決める力を人間が振るうのは間違っていると言うんだね。

カメ：はい。

サンデル：みんなは賛成かな？ 男女産み分けに反対の人は、賛成かな？ それは、みんなが根本的に気になっている点かな？

男女産み分けは、人間が持つべき力、あるいは親が子供に対して持つべき力を超えていると思うだろうか？

エイジロウも似たようなことを言っていたね。彼は子供の選択の自由を心配していた。子供には発言権がなく、親だけで決めてしまうということだったね。

しかし、エイジロウの議論の難点は……エイジロウ、立ってくれるかな。

男女産み分けをしなくても、いず

raising a different and very interesting objection. Kame, now you're saying even if there's no killing, there's something wrong with human beings exercising the power of deciding whether the child will be a boy or a girl.

[Kame]: Yes.

[Prof. Sandel]: Do you agree—do people agree—those of you who object to sex selection? Is that fundamentally what bothers you?

Is it a power beyond the power that human beings should have or that parents should have over their children?

Eijiro said something similar: He was worried about the freedom of the child. The child has no say; only the parent does.

But the difficulty with Eijiro's argument is... Eijiro, if you can stand up.

Children without sex selection don't

choose their sex anyhow—do they?

You didn't choose to be a boy. So it's tempting to say that there is a violation of the freedom of the child; the child has no say.

But if you think about Eijiro's argument, which is an interesting argument, it can't be the only reason that sex selection is wrong because it's not as if the child would otherwise be able to choose for himself or herself.

Many people do make the freedom argument, Eijiro's argument against sex selection, but it does face this difficulty... Do you agree it's a difficulty, Eijiro?

れにしろ子供は性別を選んでいないんじゃないかな？

君は男になろうと思って生まれてきたわけじゃないよね。つい、こう言いたくなる気持ちはわかる。子供の選択の自由を侵害しているんじゃないか、子供は発言できないじゃないか、とね。

しかし、エイジロウの議論について考えてみると、おもしろいことは確かだが、男女産み分けが間違っている唯一の理由ではありえないことがわかる。というのも、もし産み分けをしなくても、子供が自分で性別を選べるわけではないからだ。

子供の自由を主張する人は多い。つまり男女産み分けに反対するエイジロウの主張だね。だが、それはこうした難問にぶつかってしまう。これは、難問だと認めるかな、エイジロウ？

エイジロウ：確かに僕は男として生まれたくて男に生まれてきたわけではありません。けれどもサンデル教授がおっしゃった通り、親

が子供の性別を選択するということは、親が子供に対して行使してよい権限を超えているのではないかと思います。それは、たとえば、子供が自分の意志で性別を選べなかったとしても、親だからといって、逆に親が子供の性別を選んでいいという理由にはならないと思うからです。

サンデル：よろしい。しかし、だとすればここには問題があるね。ある意味で、さっきカメ先生が言ったことを裏付ける問題だ。

いずれにしても、親は子供に対して、性別を選ぶという力を振るうべきではない。それがこれまでの議論だったね。

これは、厳密に言えば自由をめぐる議論ではない。子供が自律を奪われてしまう、ということではないんだ。

すると、ここで答えなければならない問題が持ち上がる。親が子供にこうした力を振るうのは、道徳的に見てどこに反対すべきところがあるのか、という問題だ。

[Prof. Sandel]: All right, good, but here's the question then... and that, in a way, supports what Dr. Kame said.

Somehow, it's not a power that parents should have over their children—that's the argument that we've heard.

It's not a freedom argument exactly. It's not that the child is being deprived of autonomy.

But it raises a question we still have to answer, which is: What is morally objectionable about parents exercising this kind of power over their children?

Let me give you another example to try to help us test this idea.

We've been talking about being a boy or a girl... Suppose it were possible, genetically, for parents to make their children have higher intelligence, or to be taller, or more handsome and beautiful, or to be better athletes, or to have greater musical talents.

Now, none of this is possible now and most of it will not be possible in the near future.

But the development of new genetic technologies forces us to think hard about what, if anything, should be the limits on parents' control over their children.

Genetically, most children would rather be or have a higher intelligence.

Think of those entrance exams that Kan was telling us should be the basis for

この考え方を検討するために、もう一つ例を挙げることにしたい。

これまでは、男の子か女の子かという話をしてきた。今度は、遺伝子操作によって次のようなことが可能になると仮定してみよう。親は、子供の知能を高めたり、背を高くしたり、ハンサムにしたり美人にしたり、運動神経を発達させたり、音楽の才能を豊かにしたり、といったことができる。

いまのところ、そんなことは不可能だし、おそらく近い将来も大部分は不可能だろう。

だが、新たな遺伝子技術の発達に伴って、真剣に考えざるをえなくなっている問題がある。子供に対する親の統御に限界があるとすれば、それはどこにあるのか、という問題だ。

ほとんどの子供は遺伝子工学によって知能を高めたいはずだ。

入学試験についてさっきカンが言ってくれたことを思い出してほ

しい。入学資格は試験にもとづいて認められるべきだ、という話だったね。

だとすれば、知能の高い子供は得をするはずだ。ダンの高校に入りたい場合にも、競争を優位に進められるだろう。

どう思うかな？　もし将来、親が遺伝子技術を使って、より賢く、より強く、より背が高く、よりハンサムで美しい子供を産めるようになったとしたら。子供たちにとっても良いよね。

それでも、それは親の力の濫用だと思う人は、どれくらいいるかな？　遺伝子工学によって能力を高めることには反対だという人は？

反対だね？

では、反対ではないという人はどれくらいいるかな？　遺伝子工学を使って子供の知能や体力を高めてもかまわないという人は？

それはなぜだい？

admission.

Children would be better off. They could compete more effectively for places in Dan's high school.

What would you think if, in the future, parents could use genetic technologies to have smarter, stronger, taller children? More handsome, more beautiful. The children would be better off.

How many would still find that an objectionable use of the power of the parent? How many would object to genetic engineering for enhancement?

You would?

How many would not object to genetic engineering to enhance the intelligence and the strength of children? How many would not object?

Why would you not object?

[Takehiko]: My name is Takehiko.

タケヒコ：タケヒコといいます。

人類が進化していく中で、たとえば病気や伝染などで、男が急激に増える社会、あるいは女性ばかりが産まれてしまう社会になったときに、分子生物学や遺伝子工学は非常に重要で、そのときに男女比を整えることができると思います。

実際、中国の一人っ子政策などのように、現時点では産み分けの害はたくさんあります。けれども、いろいろな法律で制限を設けたうえで、やはり人間はそうした技術を持っておくべきだと僕は思います。

[Prof. Sandel]: It is true that in some countries, and especially in some Asian countries, the sex balance has begun to change quite dramatically.

サンデル：確かにその通りだね。一部の国、特にアジアの一部の国で、男女の比率が劇的に変わりはじめている。

In China and in Korea, the sex ratio is heavily skewed in favor of boys. There're about 125 boys for every 100 girls in China and also in South Korea.

中国や韓国では、男女比は大きく男の子に偏っている。だいたい男の子 125 人に対して女の子 100 人という比率だ。

In parts of northern India, there are 140

インド北部では、男の子 140 人

に対して女の子100人という比率になっている。

とはいえ、男の子を優先するこうした産み分けは、高度な精子選別法によるものではない。さっきカメ先生が反対していた中絶などの方法が使われている。

だが、その問題は脇へ置いておこう。それは確かに強力な反論だね。というのも、男女の比率を変えてしまうと、社会全体に悪影響が及ぶ可能性があるからだ。それは一つの論点だ。

ただ、ここで想像してほしいのは、男女の比率が偏っていない社会で、遺伝子技術を使うことについてだ。

そこで、さっきの事例に戻ろう。将来、遺伝子技術によって、親が子供の知能、体力、身長、音楽的才能などを高められるとしたら、どうだろうか。これは、何が間違っているだろうか？

まず、これに賛成だという人の意

boys for every 100 girls.

Now, this sex selection taking place in favor of boys is not done through high-tech sperm sorting. It's done through sex-selective abortions of the kind that Dr. Kame was objecting to.

But let's set aside... That is a powerful objection, because changing the balance, the sex ratio in a society, could have bad consequences for the society as a whole—so that's one argument.

But let's imagine the use of genetic technologies in societies where the sex balance was not skewed.

And let's just imagine... Let's go back to the case where genetic technology in the future might permit parents to enhance the intelligence or the strength, or the height of their children, or their musical ability. What would be wrong with that?

Let's hear from someone first who is in

favor of it. What would be your defense of it?

Yes, go ahead.

[Nobu]: My name is Nobu and I think that's the choice of the people because if they are rich, they can choose whether their kids are clever or tall or good at music.

But if they can, that's too bad—they don't have a choice to do that.

[Prof. Sandel]: So you're worried about fairness.

Back to the question of rich and poor, and that's a question that has arisen when we've discussed education, when we've discussed health, when we've discussed World Series and concert tickets. Is it unfair to those who can't afford it?

I suppose we decided, as a society, that improving the intelligence of children is sufficiently important, that we want to subsidize parents who cannot

見を聞きたい。どう擁護するだろうか？

はい、どうぞ。

ノブ：ノブといいます。これは選択の自由の問題だと思います。お金を持っていれば、子供の頭を良くしたり、背を高くしたり、音楽の才能を豊かにしたりできます。

しかし、それができるのなら、それはひどすぎます。彼らにはそうする選択の自由がないのです。

サンデル：では、公正さについて心配しているんだね。

「金持ちと貧乏」という問題に戻るわけだね。さっき教育、医療、ワールドシリーズやコンサートのチケットについて議論したときに持ち上がった問題だ。それを買うお金のない人にとって不公正ではないだろうか、ということだね。

では、社会としてこう決めたとしよう。子供の知能を高めることはとても重要なので、遺伝子工学によって子供の知能を高める［増強エン

ハンス]お金を持っていない親には、補助金を出すことにするんだ。補助金を出してそうできるようにしてあげよう。

いまだって、医療を受ける余裕のない親には、補助金を出しているんだからね。

その制度を拡大し、遺伝子工学を利用できない親の子供に補助金を出すと仮定しよう。

つまり、不平等と公正さに関する反論に対処したとしよう。これなら、遺伝子工学によって知能を高めても［増強しても］いいと思うかい？

ノブ：少し考えないと……

サンデル：よろしい。では、ほかにこの問題に答えてくれる人はいるかな？

公正さについての議論はすでに考えた。不平等という懸念についても考えた。

afford genetic enhancement for the intelligence of their children; we will subsidize it to make it possible.

After all, we have subsidies for healthcare now for parents who can't afford it.

Suppose we extended that subsidy to parents of children, to children of parents who could not afford the genetic enhancement.

Suppose we addressed, in other words, the objection about inequality and fairness. Then, would you not object to genetic enhancement for intelligence?

[**Nobu**]: I have to think about it...

[**Prof. Sandel**]: That's fine, okay. Who else would like to take up that question?

We've considered the fairness argument. We've considered the worry about inequality.

Suppose we subsidized for those who can't afford genetic enhancement of intelligence. Would there still be anything wrong with it, beyond worry about unfairness?

What do you think? Yes?

[Rana]: My name is Rana.

I believe that the whole idea of genetic engineering sort of lets parents pre-determine the future of their children; it gives parents the right to decide what their children are going to become.

It lets them decide whether the child is going to become a professor or a guitarist or something like that... whereas, right now, I get to decide what I want to become. I get to decide whether I want to be a professor, whether I want to become a psychologist, whether I want to be like you.

I have more freedom right now, but I would not have that because my parents would decide for me.

お金のない人には補助金を出して、遺伝子工学によって知能を高められるようにしてあげるとしよう。それでも間違ってると思う人はいるかな？ 公正さに関する懸念がなくなっても、まだ間違っていると思う人は？

君はどう思う？

ラナ：ラナといいます。

遺伝子工学の考え方そのものが、子供の未来を前もって親に決めさせるようなものだと思います。子供が何になるかを決める権利を親に与えるのです。

大学教授とか、ギタリストとか、子供が何になるかを、親に決めさせるのです。
いまのところ、私は何になりたいかを自分で決められます。大学の教授になりたいのか、心理学者になりたいのか、先生のようになりたいのかを決められます。

現時点では、より多くの自由があります。でも、それがなくなってしまいます。親が決めてしまいま

すから。

サンデル：自由の議論だね。遺伝子工学によって、知能や運動能力、音楽的才能を高めること［増強］に対する反対論だ。

よろしい。ラナの議論をどう思うだろう。親が遺伝子工学を使って、子供の知能、音楽の才能、運動能力を高めて［増強して］しまったら、子供は自分のキャリア、人生、職業を選ぶことができなくなってしまう。これが自由の議論だ。

この議論は、遺伝子工学を使って知能を高めることへの決定的な反論となるだろうか？

遺伝子工学によって頭が良くなったとしたら、自由を侵害されたことになるのだろうか？

どう思うだろう？　反論のある人はいるかな？

ほかの人、反論はあるかい？

どうぞ、後ろの人。

[Prof. Sandel]: The freedom argument against genetic enhancement for intelligence or for athletic or musical ability.

All right, what about Rana's argument that allowing parents genetically to enhance their children for intelligence, musical ability, athletic ability would not let the children choose for themselves what careers, what lives, what professions to pursue?　It's a freedom argument.

Is that a decisive argument, do you think, against genetic engineering for intelligence?

Is it a violation of freedom if I'm smarter than I might otherwise be?

What do you think? Who has a reply?

Who disagrees?

Yes, behind you, yes.

[Takahumi]: My name is Takahumi.

タカフミ：タカフミといいます。

性別を判断していくことには反対です。なぜなら、そのデザイナーベイビー［設計された子供］という考え方は自己愛に基づいていると思うからです。さらに、「人間が適切な技術を適切な目的に沿って使えるのか。人間は理性的な生き物なのか」という問題に突き当たり、それが悪用される恐れがあると思うからです。

[Prof. Sandel]: But why is enhancing the intelligence of your child an abuse? Why do parents send their children to good schools, if not to enhance or to improve their intellectual and educational capacities?

And if it's all right for parents to try to send their children to the best schools—to make them more capable, more knowledgeable, more intelligent—what would be wrong with using genetic engineering to achieve the same aim; what would be wrong with that?

サンデル：でも、子供の知能を高める［増強する］ことが悪用になるのかな？　親が子供をいい学校に通わせるのは、子供の知性や学力を伸ばす［増強する］ためでなければ、一体何のためだろうか？

もしも、それはかまわないというなら、つまり、親が子供を最高の学校に通わせて、より有能に、より聡明に、より知性的にしようとすることは問題ないというなら、遺伝子工学を使って同じ目的を達するのは、なぜいけないんだろうか？　そのどこが間違っているのだろうか？

キヨタカ：キヨタカといいます。

この議論全体は、何を最適化したいかという問題だと思います。個人を最適化しても、社会が最適化されるとはかぎりません。なぜなら、社会というものは、知性的な人や、そうではない人や、男や女で構成されています。

そこには均衡点があるはずです。それは集団において決定されます。

サンデル：頭のいい人もあまり良くない人も必要だということかな？

キヨタカ：これは、遺伝子にもとづく自然な生態系です。

サンデル：知能の高い人ともっとも低い人の差がそれほどでもない社会があったら、それはより悪い社会だということかな？　こんな社会は悪いと思うのかい？　大きな格差が必要ということかい？

キヨタカ：知能とは何かを定義し

[Kiyotaka]: My name is Kiyotaka.

I think this whole argument is where you want to optimize. If you let individuals optimize, it doesn't mean as a society it's optimized. Because the society consists of intelligent people, non-intelligent people, men and women.

And it's going to have... it's got its own equilibrium point, which is decided en masse.

[Prof. Sandel]: You mean you need some smart people and some not-so-smart people?

[Kiyotaka]: It's a natural ecosystem based on the gene.

[Prof. Sandel]: Do you think that it would be a worse society if there were not such a spread between the very intelligent and the least intelligent? That would be bad? You need a big gap?

[Kiyotaka]: Because you have to define

what intelligence is; not all intelligent people can lead the country and not all the Noble Prize winners have the highest IQs.

So who's gonna decide what is intelligence? There're so many criteria and you cannot re-jiggle genes to decide what is a successful gene. There're too many risks when you determine that unilaterally.

[Prof. Sandel]: Too many risks.

Who else objects? Who has a reason that doesn't depend on fairness—we're assuming we're going to subsidize it—that doesn't depend on skewing the sex ratios?

What is wrong with giving parents... Dr. Kame said there's something wrong with parents having this kind of power over their children.

It's not as though their children could otherwise choose their sex; there must

なければいけません。知能の高い人がみんな国の指導者になれるわけではないし、ノーベル賞の受賞者がみんな最高のＩＱの持ち主というわけではありません。

だとすれば、知能とは何かを誰が決めるのでしょうか？　非常に多くの基準があるので、どんな遺伝子が成功をもたらす遺伝子なのかは決められません。これを一方的に決めるとすれば、リスクがありすぎます。

サンデル：リスクがありすぎるということだね。

ほかに反対の人はいるかな？　公正さに依拠しない理由があるという人。補助金を出すと仮定しているからね。また、男女比の歪みに訴えることもない理由だ。

親に力を与えることのどこがまずいのだろうか……カメ先生は、子供に対するこうした力を親に与えるのは間違いだと言った。

だからといって、子供が自分で性別を選べるわけではないのだか

ら、何か理由があるはずだ。

何かほかに反対すべきことがあると説明できる人はいるかな？

はい、どうぞ。

タカシ：タカシといいます。現時点の科学でわかっていることには限界があります。知能を上げるというような、その時点でいいと思ったことが、必ずしも将来そこまで設計通りにいくとは限らないと思います。

サンデル：つまり、「知能が高い」「体力がある」「背が高い」「魅力がある」「音楽の才能がある」といったことが、常にいいことだとは思わないんだね。

基準が変わるかもしれないし、価値観が変わるかもしれない。だから、親は子供に世に出るためのさまざまな力を身に着けさせるかもしれないが……入学試験は常にあるのではないだろうか。それは常に子供の役に立つのではないだろうか。親はわが子に入学試験でよい成績をとってもらいたいと常に

be something else.

Who can explain what else is objectionable?

Yes, go ahead.

[Prof. Sandel]: So you don't think it will always be good to have high intelligence or to be strong, or to be tall, or to be attractive or to be a good musician?

The standards may change or the values may change, so parents may be equipping students for those worlds. Won't there always be entrance exams for schools and won't it always be a help to children, won't parents always want their children to do well on the entrance exams?

And if you could somehow genetically make that more possible, isn't that what being a good parent is?

Isn't a good parent someone who wants and who offers the best for his or her children? Isn't that what a good parent is?

Don't we praise parents who send their children not only to the best high schools and the best universities, but to the best cram schools to get in? Isn't that what a good parent is? Who encourages the child, maybe even demands of the child high performance: isn't that a good parent? Isn't it a good parent who encourages a strong child to develop athletic skills or a musical child to practice hours a day on the violin to become a great violinist? Isn't that a good parent?

And if genetic technologies were available that enabled parents to do even more, to produce good children…

願うのではないだろうか？

遺伝子技術を利用してその可能性を高められるなら、いい親だということにならないだろうか？

わが子のためにベストを望み、それを与える人は、いい親ではないだろうか？　これこそまさにいい親ではないのだろうか？

子供を一番いい高校や一番いい大学に行かせる親はもちろん、一番いい進学塾に行かせる親も、良い親として称賛されるのではないだろうか？　良い成績をとるよう子供を励ましたり求めたりする親は、良い親ではないだろうか？体力のある子が運動能力を伸ばすのを手伝ったり、音楽の得意な子に一日何時間もバイオリンを練習させて、バイオリニストにしたりするのは、良い親ではないだろうか？

遺伝子技術を使うことでそれがさらにやりやすくなるなら、親は優秀な子供をつくりたいと思うだろう。

われわれは、良い親に対して、子供が入学試験で最高の成績を収められるように、あらゆる手段を尽くすことを許すばかりではなく、求めるのではないだろうか？　なぜなら、入学資格をお金で買いたいという人は少ないようだからだ。

男性：子供の知性が高いといった条件というのは、おそらく社会の中で有利に働く要因です。
逆に言うと、子供にその遺伝子技術を使わないということは、生まれる前の時点で、不利益な条件をその子供に与えるということになります。するとこれは、親に対してその遺伝子技術を使うことを事実上強要することになるんじゃないかと思います。つまり親がそれを拒絶する自由を、事実上否定してしまう。もしそれを拒絶してしまったならば、それは子供に生まれながらにして不利益な条件を与えるということになってしまうのではないかと私は思います。

サンデル：その通りだね。

そのままでいてくれるかな。テク

Wouldn't we not only permit, but require good parents to do everything possible to enable their children to score highest on the entrance exams, because it seems as though not many people want to let them buy a seat in the high school?

[Prof. Sandel]: Well, it's true.

If the technologies get very good and,

stay there, and it really is possible to improve children before birth, we might as a society require parents to use those technologies—we might even subsidize them—just as we now require parents to send their children to school—up to a certain age—what would be wrong with that?

[Prof. Sandel]: All right, but you've made a good try and you've moved us along on the way.

I want to step back and notice a few things.

ノロジーが大いに進歩し、生まれる前に子供の能力を高めることが実際に可能になれば、社会は親に対してそのテクノロジーを使うよう要求する。それどころか補助金まで出すかもしれない。現在、われわれが親に、子供をある年齢まで学校に行かせるよう求めるのと同じだね。だとすれば、どこが間違っているのだろうか？

男性：私が思うには、生まれる時点でそれを決定してしまうことに問題があるのではないでしょうか。つまり、生まれたあとで、良い学校に行かせるかどうかということとはちょっと違うレベルの話ではないかと思います。それはどうしてでしょう……。つまり人間の、生まれるということに関係がある――遺伝なのか、環境なのかという問題に関係があるのではないかと思います。

サンデル：よろしい。よくやってくれた。議論を前に進めてくれたと思う。

では、ここで一歩下がって、いくつかの点を指摘したいと思う。

デザイナーベイビー［設計された子供］と遺伝子工学をめぐるこの議論に参加してくれたみんな、どうもありがとう。

議論の最後にある謎が残った。この謎、あるいは当惑は何なのか、私にそれが説明できるかどうか、やってみよう。

遺伝子技術を利用して子供の能力を高める［増強する］ことに、賛成の人もいれば、反対の人もいる。

この反対意見の根拠はどこにあるのだろうか？　反対する人にとって、その根拠は何だろうか？

われわれはいくつかの反論を聞いた。多くは公正さに関するものだった。お金がなくて新たな遺伝子技術を利用できない人はどうなるのだろうか？　それは高価な技術ではないのか？

この反論は、今夜の議論を通じてずっと耳にしたものだった。医療や教育に市場を用いることの是

Thank you to all of you who contributed to this discussion about designer babies and genetic engineering.

There's a puzzle at the end of our discussion, and let me see if I can describe what the puzzle or the perplexity is.

Some people agree with using technologies—genetic technologies—to improve children, to enhance... others disagree.

What is the basis for the disagreement, those who object? What is the basis for the objection?

We heard a few objections. Many, had to do with fairness. What about people who can't afford the new genetic technologies, won't they be expensive?

This was an objection that we've heard throughout the discussions we've had tonight, whether about markets in healthcare and education, or in the discussion about genetic engineering.

Aren't there certain goods that everyone should have access to, regardless of the ability to pay?

Let's call this the fairness argument—it's also the argument that came up early on when we were discussing what counts really as free choice when people were buying those tickets to see the doctor in Beijing.

If there's too much inequality, doesn't that undermine the freedom of choices people make?

So, that's one issue that we've come back to again and again: Certain inequalities of income and wealth undermine the freedom of choice that people exercise in the market.

If people can't afford certain goods, there's an unfairness for those who are left behind.

But then we imagined, in the cases we

非、あるいは遺伝子工学をめぐる議論だったね。

ある特定の財に関しては、支払い能力にかかわらず、誰もが同じように利用できなければおかしいのではないだろうか？

これを「公正さの議論」と呼ぶことにしよう。この議論は早い段階で出てきた。北京で医師に診てもらうための整理券を買おうとする際、本当の意味で自由な選択とは何かを議論したときだったね。

不平等が大きすぎると、選択の自由が損なわれてしまうのではないだろうか？

この論点は繰り返し現れた。所得や富の不平等は、人びとが市場で行使する選択の自由を損なう。

ある財を買う余裕のない人がいるとすれば、落ちこぼれてしまう人にとって不公正だ。

しかし、次にわれわれは、討論し

た事例のなかである状況を想像した。そこでは、公正さの議論については対処がなされていた。

ダン校長の学校では、入学を認められるはずだった生徒は誰も排除されずにすむ。ところが、それでもまだ「高校の入学資格をお金で買うことは、どこか間違っている」と感じる人たちがいた。

男女産み分けのケースでは、「親が子供の性別を選ぼうとするとき、子供の自由が尊重されていない」という意見があった。だが、自由の議論は完全な答えにはならない。

なりえないのだ。なぜなら、子供は通常、自分の性別や、知能をはじめとする天賦の才を、いずれにしても自分で選んでいるわけではないからだ。

自由の議論にせよ公正さの議論にせよ、市場や遺伝子技術のある種の使い方に対してわれわれが抱く道徳的なためらいを、十分に説明するものとは思えない。

discussed, a situation where the fairness argument was addressed.

In Principal Dan's school we imagined that no one is now excluded who would otherwise have been admitted, but people still felt there was something wrong with money buying a seat in the high school.

In the case of sex selection, some said the freedom of the children is not being respected when the parents are choosing their sex, but the freedom argument is not the whole answer.

It can't be, because children don't normally choose their sex anyhow—or their intelligence or their other natural gifts.

So the freedom arguments and the fairness arguments don't seem fully to explain the moral hesitation we have about certain uses of markets and certain uses of genetic technologies.

Lurking in the background there seems to be another different kind of moral objection, but it's hard to articulate exactly what that objection is.	その背景に潜んでいるものを考えてみると、別の種類の道徳的反対があるように思えるのだが、それがどんなものかをうまく言葉にするのはなかなか難しい。
Take the example of genetic engineering for intelligence, or strength, or attractiveness, or athletic ability, or musical ability.	知能、体力、魅力、運動能力、音楽的才能を高めるために、遺伝子工学を用いるという事例について考えてみよう。
Some such as Dr. Kame suggested parents shouldn't have that power... why not?	カメ先生をはじめ、「親がそんな力を持つべきではない」という人がいた。だが、なぜだろうか？
Well, it may have something to do with what it means to be a good parent.	これは、良い親であるとはどういうことかという問題とかかわっているかもしれない。
And we normally assume that being a good parent is doing everything to give children an advantage in life, to score high on the entrance exam, to be the star player on the football team or on the baseball team, to be a great violinist.	われわれは通常、良い親であるとは、子供が人生のなかで優位に立てるようあらゆる手を尽くすことだと思っている。入試で良い成績を収められるように、アメリカンフットボールや野球のチームでスターになれるように、偉大なバイオリン奏者になれるようにね。
But maybe there's a point where being a good parent involves a certain kind of	だが一方で、「良い親であるためにはある種の自制が必要だ」とい

う点があるのではないだろうか。「子供の人生をコントロールしようとしすぎてはいけない」というある種の意思が必要ではないだろうか。

なぜそんな必要があるのだろうか？　驚くのがいいと言ったのは誰だったかな、もう一度名前を言ってくれるかな？

ゴウヘイ：ゴウヘイです。

サンデル：そうだった。ゴウヘイは驚くのがいいという。

ほかの人にもっと十分に説明してもらいたいということだったが、彼は大切なことを心得ていたと思う。良い親であるとは、子供に対してある姿勢を持つことにかかわっているのだ。

人生のほとんどの場面で、われわれの目標は、統御力、出来事を支配する力、テクノロジーによって自然を統御する力を強めることだ。さらには、「どんなキャリアを歩むか、どんな学校に入るか」を決めることによって、自分自身

restraint, a certain willingness not to try to control too much about the life of the child.

Now, why should that be, who was it who said he likes surprises? What was your name again?

[Gohei]: Gohei.

[Prof. Sandel]: All right, Gohei likes surprises.

I think he was onto something important, even though he said other people would have to explain it more fully: Part of what it is to be a good parent is to have a certain attitude toward one's children.

In most of our lives, the goal is to increase our control, to increase our mastery of events, to exercise control over nature through technology and even over ourselves, in deciding what will be our careers, what schools we will get into.

So, in most spheres of life, mastery and control are things we aspire to.	をも統御する力を強めることだ。つまり、人生のほとんどの領域で、われわれは支配力と統御を切望している。
But there may be certain goods—and parenthood may be one of the goods—that requires that we restrain our impulse to mastery and control.	しかし、もしかしたらいくつかの財については、親であることもその一つかもしれないが、支配し統御したいという衝動を抑える必要があるのではないだろうか。
We choose our friends, we choose our husbands and wives partly on the basis of qualities we find attractive.	われわれが友人を選び、夫や妻を選ぶ理由の一つは、自分にとって魅力的な資質を相手が備えているところにある。
But as parents we do not choose our children.	しかし、親になるときは子供を選ぶわけではない。
There is something fundamentally unpredictable about being a parent and maybe being open to this unpredictability is an important human quality that few aspects of our lives today encourage or support.	親であるということは、根本的に予測不可能な何かにかかわっている。もしかすると、この予測不可能性を受け入れることが、人間にとって重要な資質なのではないだろうか。ところがこんにち、人生のほとんどの場面で、こうした資質が奨励されたり支持されたりすることはほとんどないのだ。

それは、驚きだけでなく、子供として単に与えられたものを受け入れるという資質だ。またある意味では親であることによって、われわれはこんな認識を持つにいたる。入試や人生の成功のため、子供にどんなに準備をさせようとも、子供は彼ら自身の存在であり、われわれの統御には限界がある。	Being open, not only to surprise, but also to what is simply given about our children. And, in a way, being a parent is to realize that for all we try to prepare our children for the entrance exams and for success in life, they are their own beings and there are limits to our control.
もし遺伝子技術を使えば子供を改良できるという考えに慣れてしまえば、たとえ子供を愛していたとしてもあるがままに受け入れようという姿勢、無条件の愛という姿勢が、どこか損なわれてしまうのではないだろうか。	Even if the children were loved, something of this attitude of acceptance, and of unconditional love, might be eroded if we got in the habit of thinking that we could use genetic technology to improve our children.
もしかすると、親であるということは、あるがままに受け入れるという美徳を教えてくれるのかもしれない。	Maybe there is a virtue of acceptance that parenthood teaches.
人生におけるほかの機会に、この美徳、つまり「統御の衝動を止める、抑える」という美徳を教わることはほとんどない。	Very few other aspects of our lives teach this virtue, this virtue of reining in, or restraining, the impulse to control.
親であるということは、考えてみれば、謙虚さを学ぶ学校のような	Parenthood, if you think about it, is a school for humility. Those of you who

are parents will know what I mean.

It reminds us that, however successful we may be in exerting our control and our mastery over other spheres of life, what makes the parent-child relation precious is that it's a place where our control runs out, which is why even the most conscientious parents can't be held wholly responsible for the kind of children they have.

Have you noticed that, those of you who are parents?

I think this virtue of acceptance is essential to the idea of unconditional love.

When we order a car, or some other commodity, we specify the traits. Will the car have power steering? Will it have air conditioning? What will the paint color be?

And if when it's delivered, if doesn't have those traits, we're disappointed; we might send it back or ask for a refund.

ものだ。みんなのなかで親の立場にある人、私の言いたいことがわかってもらえると思う。

親であるわれわれは、こう気づかされる。人生のほかの領域をどんなにうまく統御し支配しようとも、親子関係が貴重なのは、そこには統御が及ばないからなのだと。だからこそ、最も良心的な親といえども、どんな子供になるかについて全責任を負うわけにはいかないのだ。

親の立場にある人は、わかってくれるね？

あるがままに受け入れるというこの美徳こそ、無条件の愛という考え方の本質だと思う。

自動車、あるいはその他の商品を注文するとき、われわれはさまざまな条件を指定する。パワステをつけるか？　エアコンをつけるか？　塗装は何色にするか？

納入されたときにその条件が満たされていなければ、われわれはがっかりして、返品したり、返金

を求めたりするかもしれない。

私が思うには、遺伝子工学を使って子供の能力を高める［増強する］ことの最大の危険、根本的な道徳的懸念は、子供を商品にしてしまうこと、われわれの野心の道具に、欲望の対象に、つくりだすことのできる製品にしてしまうことではないだろうか。

もしかしたら、こうした危険をはらんでいるのは遺伝子工学だけではないかもしれない。一部の親がすでに行き過ぎてしまったようなローテクな方法にさえ、その危険が潜んでいるのではないだろうか。

では、あるがままに受け入れるというこの美徳は、この講義の冒頭で説明した三つの正義論とどうつながるのだろうか？

人生のいくつかの領域、たとえば医療、教育、公民性などにおいて、市場の利用を制限しようとする議論は、テクノロジーを使ったデザイナーベイビーの出産を制限しようとする議論と、二つの点で似ている。教育や医療に市場を利用す

I think the deepest danger and the fundamental moral worry about genetic engineering our children for enhancement is the danger of turning children into commodities, into instruments of our ambition, objects of our desire, products of our manufacture.

And maybe, it isn't only genetic engineering that poses this danger—maybe even in low-tech ways some of us as parents already overreach.

So, how does this virtue of acceptance connect with the three theories of justice with which we began?

The argument for restraining markets in certain areas of life—health, for example, education, citizenship—may be similar to the arguments for restraining the use of technology to create designer babies in two respects: Both the uses of markets and education and health and the use of genetic technologies to enhance children raise questions of fairness... That we've seen.

But, to decide their proper role of markets and technology, we have to think not only about fairness but also about the nature of the goods at stake, about the virtues we want to cultivate.

Remember, someone pointed out early on there's a difference between health and entertainment, between seeing a doctor and hearing Madonna.

And that's why markets may be appropriate to the Madonna concert, but not to the allocation of healthcare—not only for reasons of fairness, but because maybe market values may degrade or corrupt the goods, the human goods represented by health or represented by education.

And the same two different arguments seem to be at stake in genetic engineering.

ることも、遺伝子技術を使って子供の能力を伸ばす［増強する］ことも、これまで見てきたような公正さの問題を引き起こすからだ。

だが、市場やテクノロジーの適切な役割を決めるには、公正さを考えるだけではすまない。問題となる財の性質、われわれが培いたい美徳についても考えざるをえないのだ。

思い出してほしいのだが、初めのほうで、「医療と娯楽は違う。医師に診てもらうこととマドンナを聴くことは違う」と指摘した人がいたね。

だからこそ、市場はマドンナのコンサートにはふさわしいかもしれないが、医療の分配にはふさわしくないのだ。公正さという理由だけではない。もしかすると、市場価格というものは、医療や教育に代表される人間的な善［財］を損なってしまうかもしれないのだ。

これと同じ二つの異なる議論が、遺伝子工学においても問題となる。

一つは公正さに関する議論、もう一つは美徳に関する議論だ。良い親の美徳とは何か？　良い親であるとはどういうことだろうか？

ここで、われわれは違いを理解する。一方は、正義とは人間の尊厳を尊重すること、公正さ、自律、自由を尊重することだという考え方だ。

もう一方は、これは正義をめぐる三つ目の議論だが、アリストテレスにまでさかのぼるもので、正義とは美徳についてのもの、美徳を促進し培うことにかかわるとする議論であり、医療であれ、教育であれ、子育てであれ、善［良きこと］にもとづいて論理的に考えるものなのだ。

近年、正義をめぐる議論において、われわれは特にこの最後の考え方を見落としがちだと思う。というのも、美徳とは何かについて、善き生について、人びとの意見は一致しないからだ。その問題は脇に置いておこう、となりがちだ。

しかし、市場とテクノロジーをめ

There are fairness arguments and there're arguments that have to do with virtue: What are the virtues of a good parent? What does it mean to be a good parent?

So we see here the difference between the idea that justice is about respecting human dignity and respecting fairness and autonomy, and freedom.

And the argument—the third argument—the argument that goes back to Aristotle, that says justice is about virtue, promoting and cultivating virtue, reasoning from the good, whether it's healthcare or education or parenting.

And in the discussions we have these days about justice, we tend to lose sight, I think especially, of this last consideration because people disagree about what's virtuous: People disagree about the good life. There's a tendency to say let's leave that aside.

But the discussions we've had about

markets and technology suggest that we can't avoid reasoning and arguing about virtue and about the human good, in order to decide these questions.

So we've seen how these big philosophical ideas lie just beneath the surface of the debates we have.

Two of the most important debates we will confront in the coming years are debates about identifying the moral limits of markets and debates about the proper use of technology, and especially biotechnology.

And what our discussion here tonight has shown is that we can't even begin to explain our own moral reactions, our own moral intuitions about markets, or about biotechnology, unless we develop the habit of reasoning and arguing and debating not only about fairness but also about virtue and the good life.

Thank you very much.

ぐる今夜の議論から、これらの問題に決着をつけるには、美徳について、そして人間の善について論理的に考え、議論することは避けられないことがわかる。

これまで見てきたように、われわれがかわす議論の裏には、こうした大きな哲学的考えが潜んでいる。

来たるべき歳月のうちに、われわれが直面する最も重要な議論のうちの二つが、市場の道徳的限界をどう定めるかという議論そして、テクノロジー、特にバイオテクノロジーの適切な利用をめぐる議論である。

今夜この場での討論からわかったように、市場やバイオテクノロジーをめぐる自分自身の道徳的反応、道徳的直感について、説明をはじめようとするだけでも、公正さばかりでなく、美徳や善き生について論理的に考え、議論し、討論する習慣を身につける必要があるのだ。

どうもありがとう。

解説　　　　　　　　　　　　　　　　　　　　　　　　小林正弥

　本ＤＶＤブックは、マイケル・サンデル教授（以下、敬称略）が2010年8月27日にアカデミーヒルズ（東京・六本木）で行った対話型講義の記録である。サンデルについては、NHK教育テレビで放映された「ハーバード白熱教室」が大きな反響を呼び、『これからの「正義」の話をしよう』（早川書房、2010年）も、印刷部数が60万部を超えるベストセラーになったという。日本の講義の直前に行われた韓国の講義にも約4500人が参加し、アメリカでも、昨年ハーバード講義が放映されてから大きな反響が広がっている。日本をはじめ、諸外国でもサンデル旋風が巻き起こっているのである。
　大きく言うと、その理由の重要な一つは、サンデルの対話型講義の新鮮さや道徳的ジレンマの吸引力であり、もう一つは政治哲学という分野の鮮烈さと、サンデルの思想が現在の政治・経済的状況に大きな示唆を与えているということであろう。これらの理由の詳細やサンデルの政治哲学の全体像については、拙著『サンデルの政治哲学──〈正義〉とは何か』（平凡社新書）に書いたので、関心のある方は参照していただきたい。ここでは、本講義に現れたサンデルの思想に焦点を絞って解説してみよう。なお、ＤＶＤは当日の様子を収録して吹き替えているのに対し、付されている英語・日本語対訳は、サンデル教授の意向によって私が編集して翻訳をチェックしているので、ＤＶＤとは若干異なったところが存在する。
　私は当日の講義を拝聴していた。25日に行われた東京大学安田講堂の講義は「白熱教室　in JAPAN」と銘打たれていて対話型講義であ

ることが予め知らされていたが、この講義では事前にそのような予告はなかったので、そうは予期しておらず、通常の一方的な講演だろうと思っていた。そこで、サンデルが講義を対話型で始めたのを見て、少し驚いた。これらの講義が行われる前は、そもそも日本で対話型講義が成り立つかどうか心配されていたので、いささかうまくいくかどうか心配でもあった。このDVDブックの題名『日本で「正義」の話をしよう』は、『これからの「正義」の話をしよう』にちなんで付けられたものだが、まさに日本で対話型講義を行うこと自体が一つの冒険だったのである。その結果は、ここに見ることができるように、東京大学の講義に続いて豊かな内容の講義となり、まさに日本でも「『正義』の話」をすること、つまり対話型講義を行うことが可能であることを例証するものとなった。

まず、講義は、東京大学講義と同じように、『これからの「正義」の話をしよう』の第1章で説明されている、「正義」を考える際の3つの方法を簡単に説明することから始まる。功利主義の「幸福の最大化」、義務・権利論の「人間の尊厳と自律、個人の選択の自由の尊重」、目的論の「美徳を養い、善き生を促すこと」である。そして、まず前半部では「市場の限界」が主題とされ、ダフ屋の話から始まる。

野球のワールドシリーズやロック・コンサート、そしてサンデルのこの講義（！）について、チケットが転売されているが、娯楽に関する転売は道徳的には深刻な問題ではない。他方で、中国においては、大きな病院の予約（の整理）券をもらうためには長い行列ができているので、ダフ屋がホームレスに券を取らせて売っている。ヨウスケは、市場における自由な選択による正当な売買としてこれを擁護するが、キミコは"貧しい人が医療を受けにくくなるから、これは「不公正」である"と反論した。貧富の差があるから、貧しい人にとっては本当には「自由」ではないかもしれない、としたのである。他方で、彼女は、野球やロック・コンサートでは大きな問題はないとして、"市場の取引によって分配される財における「善［良きこと］」の重要性によって、問題になるか

どうかが決まる"という視点を示した。キミコは、「不平等のもとで、本当の自由な選択とは何か」と「対象となる財の性質を考慮すべきではないか」という2点を提起したのである。

アメリカでも、年に5000ドルを支払うことによってすぐに診察してくれる「コンシェルジュ診療」がなされている。中国のダフ屋の場合には多くの人が正義に反すると考えたのに対し、この場合は問題がないとする人も多く、トモエは、中国の場合と違ってこの場合は、"診察に他の選択肢がある"と擁護するが、ヨウコやキョウは"お金で裕福な者が優先的に医療を受けられるというのは道徳的に問題があり、医師という職業のノブレス・オブリージュに反する"とする。

次にサンデルは、「私立高校の入学試験で、まずまずの成績ながら合格ラインには達しない子供に対し、その親が2000万ドルの寄付を行って子供を合格にし、そのお金で全ての合格者のためになることをする」という考え方について正義を問うた。さらにダンがこれを具体化して、"自分が校長なら、その子供を入学させたお金で教師を雇い入学者数を増やすので、誰もその合格者のせいで入学できなくなる受験者はいないし、高校に通えない人にも奨学金を出す"という事例を提起する。こうなると、「貧困な人が入学できなくなる」という不公正の問題を避けることができるわけである。アキヒロは、それでも何か納得できないと疑念を表明する。カンは、"学校の社会的目的を考えれば、もっとも学力のある生徒が入学にふさわしいから、そのような学生から順に入学させるべきであって、親が裕福だからと言って入学させるべきではない"とする。サンデルは、入学試験の成績が親の年収と相関関係があるという調査結果を紹介すると、カンは、自分の考え方はそのような現実を補正しようとするものだ、とする。

さらに、ジュンコが、教育の場合はともかく、医療のような命に関わる主題について、「お金で何でもできる」という風潮を問題視すると、サンデルは、"娯楽についてはダフ屋はあまり問題にならないが、医療の場合は不正義であり、教育の場合はその中間"というように、問題となる財の性質によっ

て、「正義か不正義か」という判断が変わるということに注意を促す。この点は、後述するように重要な問題提起であるが、ジュンコが明確に提起したというよりも、実は、サンデルがジュンコの発言を整理しつつ、以前のキミコの発言の意味を浮かび上がらせている。サンデルは、「実際の発言から、発言者が自覚していた以上の意味を引き出して議論を哲学的に展開させていく」という手法を時に用いている。ここにもそれが窺われるので、このような対話型講義のアート［芸術・技術］の妙にも注目していただきたい。

次に、第2の主題として、「バイオテクノロジーや遺伝子工学によって人間の知能や体力を、通常の能力以上に改善ないし増強する」という問題を取り上げている。これは、病気の治療とは区別して、エンハンスメント（enhancement)と呼ばれており、「能力増強」や「介入的増進」などと訳されており、私は「増強」と訳している。本ＤＶＤの訳ではこれに相当するところを、わかりやすく「（知能などを）高める」「伸ばす」等と訳し

たので、その後で［増強］というように説明を入れた。

サンデルは、まず「男女産み分け」の問題を取り上げる。ゴウヘイは、"事前にはわからずに驚く方がいい"というが、ヒロミは"商売が目的で男の子や女の子をたくさん産ませて兵隊や売春婦にする"という危険性を述べる。サンデルが、"商売目的の男女産み分けを禁止する法律を作る"という仮定を行うと、エイジロウは、"それでも生まれてくる子供の選択の自由がない"という問題点を指摘する。医師のカメは"性別を選ぶことは殺人を意味する"と反対論を述べる。この内、自由に基づく反対論に対し、サンデルは、"生まれる子供も自分で性別を決められるわけではないから、これは唯一の理由にはなりえない"とする。

サンデルは、多くの国で発育中の胎児の性別を見分けるのに超音波が利用されていることを説明して、カメは、これに基づく中絶は殺人にあたるとする。中絶ではなく、胎児になる前の段階で、細胞分裂後の最初の数日間における胚の男女も選別することができるので、これについてサンデルが聞く

と、カメはこれも殺人にあたるとする。さらに、精子の染色体の選別による方法についてサンデルが聞いたところ、この場合は胚すらできていないので、カメは殺人に相当するとはしないが、"「生命はすべて人間が決めるものではない」という自分の考え方からすると、それでも男女産み分けには反対である"と答える。

さらに、タケヒコは、男女産み分けによって男女の数が劇的に変わるという懸念をあげ、サンデルは、それがすでに中国や韓国、インドなどアジアの国々では現実化していることを指摘する。その上で、この問題を脇において、遺伝子工学による増強［エンハンスメント］一般の問題を取り上げる。

ノブがお金によってこれができたりできなかったりすると、公正さの問題が生じることを指摘する。サンデルは、これに対し、お金がない親には補助金を出すという方法で対処することにして、これでもさらに反対する理由があるかどうかを聞く。ラナは、"親が遺伝子工学を用いることによって子供がキャリア、人生、職場などの選択の自由を失う"という理由をあげる。サンデルは、"親が子供をいい学校に通わせたりして知性や学力を伸ばすことが良いことなら、どうして遺伝子工学による増強に問題があるのか"と問いかける。

ここで、講義前半で論じた私立学校の入学の問題と合わせて、サンデルは議論を整理する。貧富の差による公正さという問題点は、入試においてはダンの挙げた仮想的例によって、男女産み分けの場合は補助金によって克服できる。しかし、それでも何か問題が残る。子供の自由を損なうという「自由の議論」については、エイジロウの意見の時に議論されたように、子供はもともと自分で性別や知能・能力を選べないから、反対論としては不十分である。

そこで、カメ医師が男女産み分けについて言ったように、親が遺伝子工学によって子供を変えることには問題があるのではないか、とする。そして、サンデルは自分の意見を結論として次のように述べる。

テクノロジーなどによって自然を支配・制御する衝動を抑えることが必要な場合があり、良い親に

なるためには自制や謙虚さの美徳が必要ではないか。親は、子供という根本的に予測不可能なものを受け入れるという資質が必要であり、子供を設計することは「無条件の愛」を損なってしまうのではないか。そして、遺伝子工学による増強だけではなく、高度な技術を使わない場合でも過度な育児や教育の場合にはこのような問題を孕んでいるのではないか。よって、学校に通わせて知性や学力を伸ばすことは良いことだからと言って、遺伝子工学による増強を肯定するわけにはいかない。そのような試みは、子供を商品にしてしまうこと、親の野心の道具、欲望の対象にしてしまうことである。

　このような考え方は、講義前半で医療について議論した際に現れた、医療に関する財の性質の重要性という問題と密接な関係がある。医療であれ、教育であれ、ともに、善き生に関係する問題であり、美徳に関する問題である。だから、これらの問題を考える際には、正義に関する３つの考え方の中で、自由や公正さに基づく２つ目の議論だけではなく、美徳や善き生に関して論じるという３つ目の考え方が必要なのである。「正義」を論じるためには、２つ目の「公正」の議論に限定されずに３つ目の考え方が必要であるという論旨だから、「公正 (fairness)」と「正義 (justice)」ないし「正義に適った (just)」とを明確に区別することが必要であり、この翻訳ではこの点にも意を用いた。

　この対話型講義は、「市場の道徳的限界」と「バイオテクノロジー」という一見異なる主題を扱いながら、共通の問題を浮かび上がらせていく。功利主義についての議論はあまり登場しないが、リベラリズムやリバタリアニズムの義務・権利論の限界を議論から引き出して、コミュニタリアニズムないし目的論的な美徳や善と関係させて論じる正義論が必要である、という結論を導いている。

　たとえば、市場における「自由」な売買は、貧富の差が背景にあるので、真に自由な選択とは言えないのではないか。また、貧富の差があるから「公正」とは言えない。サンデルは、このような問題を浮かび上がらせつつ、さらに奨学金や補助金などの方法で「公正さ」

を確保しても、なお問題が残ることを明らかにする。そして、それは、第3の類型の正義論でしか解決できないという結論を導くのである。

この対話型講義は、おそらく時間の制約のためもあって、全ての議論を参加者が自発的に提起していくというよりは、サンデル自身が議論を整理しつつ、自らの結論を説明するという側面を持っている。特に、生命倫理の問題に関しては、カメ医師の議論が先導役となっているが、最後にサンデル自らの見解を集約的に述べている。この点で、完全な対話型の講義というよりも、結論部には講演という要素も存在している。

実は、このサンデル自身の「増強」反対論は、*The Case against Perfection: Ethics in the Age of Genetic Engineering*(Harvard University Press, 2007)で詳しく展開されているものである。この本は、『完成に反対する理由──遺伝子工学の時代の倫理』と訳すことができ、ここでは、「贈り物としての生命」という生命観を提起している。彼の生命倫理に対する基本的な考え方を明かしているという点でも貴重な本である。

ただ、この著作は『完全な人間を目指さなくてもよい理由──遺伝子操作とエンハンスメントの倫理』（ナカニシヤ出版、2010年）という名称で邦訳が刊行されているが、この邦訳名は著しくミスリーディングと言わざるを得ない。なぜならば、この邦訳名を見ても、「サンデルが遺伝子工学による増強に賛成しているか、反対なのか」がわからないからである。しかも、哲学・倫理学では、精神的・人格的な向上を目指す議論を「完成主義」ないし「卓越主義」（perfectionism）と呼ぶことがあり、この邦訳名では、「精神的に完全な人間を目指さなくていい」という逆の意味に受け取られる危険すらあるだろう。

サンデルは、ブッシュ政権下における大統領生命倫理評議会の委員を務め、その議論の中で書いた「増強は何が悪いのか（What's Wrong with Enhancement）」という議論用の論稿（ディスカッション・ペーパー）（2002年）を発展させてこの本を公刊した。この論稿は、その題名に明らかなように、遺伝子工学による増強に明

確に反対する意図を持って書かれており、その哲学的な理由を提起したものである。サンデルは、幾つかの論点においてはこの委員会に存在する道徳的保守主義とは異なった見解を持っているが、遺伝子工学による増強に対する反対という点については、立場は明確である（詳しくは、前掲『サンデルの政治哲学』第4講を参照）。

　この点において、この本では、サンデルの姿勢は、「自分自身の明確な立場を示さずに様々な思想的立場の間で議論を深化させていく」というハーバード白熱教室の対話型講義の方法とは異なっている。このDVDブックの対話型講義でも、自らの結論を明確に説明するという形で終わっているように、この姿勢が図らずも現れているのである。

　ハーバード白熱教室や『これからの「正義」の話をしよう』では、この論点は明確に扱われてはいないから、生命倫理についての彼の考え方は、これらの多くの読者や視聴者にとって新鮮であろう。そして、この議論が重要であるだけに、サンデルは、自らの議論が誤解されずに日本で伝わるように、結論を明確に講義で提示したかったのだろうと思われる。

　他方で、この講義の前半における「市場に道徳的な限界はあるか？」は、白熱教室などでも議論されている重要な主題を扱っているが、ここでは白熱教室であまり議論されていない重要な論点が提起されている。それは、キミコが提起してサンデルが繰り返し言及しているものであり、「娯楽、教育、福祉というような領域と、それに関する財の性質の違いにより、ダフ屋のような行為を正義と考えるかどうか」が変わってくるという点である。この「財」の性質の違いはその財に関する「善（良きこと）」の相違を意味しており、その「財」の「善」によって、正義かどうかが変わるわけである。

　そもそも、「財（goods）」は「善（good）」の複数形であり、「財」ないし「商品」という意味は「善」に由来しているから、この二つの意味は密接に関係している。講義中の発言ではこの二つの意味が重なって用いられていることもあり、文法的な観点からだけでは翻訳が十分にはできない場合が少なくない。そこで、このような場合は「財

［善］」ないし「善［財］」というように、中心的な意味を先に示しながら、この双方の意味の併存を示すことにした。

　この議論は、さらに展開すれば、"異なった諸領域において、「財」の性質を「善」から判断して「正義」を判断する"という原理として考えることができるだろう。たとえばウォルツァーがその分配に関する多元的正義論（『正義の諸領域』〔*Spheres of Justice : A Defence of Pluralism and Equality*, Basic Books, 1983. 邦訳は『正義の領分——多元性と平等の擁護』而立書房、1999年〕）で示した考え方を想起すれば、このような考え方の持つ意義がわかるだろう。ウォルツァーは、教育・福祉・政治などの領域ごとに、分配に関する正義の基準は異なり、それらは、そのコミュニティの人々の共通の考えに基づく、とした。ただ、これでは、そのコミュニティの多数派の考え方が正義とされる危険を免れないので、サンデルはその問題点を指摘している（前掲拙著、第1講参照）。それに対して、この講義では、まさに領域ごとの「善」の度合いに基づいて「正義」を考えるという観点が示されている。これは、サンデルの政治哲学における、分配に関する多元的正義論（多元的分配正義論）へと発展させていく可能性を秘めているように思われる。

　このように、この対話型講義は、「市場の限界」とバイオテクノロジーという異なった主題を扱いながら、いずれにおいても、第2の類型の「自由」や「公正さ」に基づく議論では不十分であることを明らかにし、第3の類型の「美徳」を促進する正義の観念が必要であることを明らかにする。さらに前半部の「市場に道徳的な限界はあるか？」では、分配に関する多元的正義という主題についてサンデル独自の新しい議論の可能性を開示しているという点でも重要な意義を持つ。また、後半部の「遺伝子工学による人間改造反対論」においては、自らの見解を明確に説明することによって、日本の人々に自らの反対論を提起した。これらの意味において、この講義は、『日本で「正義」の話をしよう』という題名にふさわしい意義を持っていると思われるのである。

本書は、2010年8月27日にアカデミーヒルズ（東京・六本木）で行なわれた、「第15回ハヤカワ国際フォーラム　これからの『正義』の話をしよう」の模様をDVDブック化したものです。

［撮影協力］　アカデミーヒルズ
　　　　　　　八重洲ブックセンター本店

［スチール写真］　和田清志

［DVD制作］　株式会社日本ケーブルテレビジョン（JCTV）
　　　　　　　有限会社DEEP／株式会社TALLY

［声の出演］　うすい　たかやす（マイケル・サンデル教授）

本編101分	片面・一層	MPEG2				
COLOR	STEREO	複製不能 レンタル禁止	DVD VIDEO	ALL	16:9 LB	DOLBY DIGITAL

● このディスクを無断で複製、改変、放送、有線放送、上映、公開演奏、ネットワークでの配信、
　レンタルすることは法律で禁じられております。
● このディスクは図書館等での非営利無料の貸し出しに利用することができます。
● このディスクはDVDビデオ対応のプレーヤーおよびDVDビデオ対応のパソコンで再生してください。
　各再生機能については、ご使用になるプレーヤーおよびパソコンの取り扱い説明書を必ずご参照の上、お楽しみください。

［監修・解説者略歴］
小林正弥（こばやし・まさや）

千葉大学法経学部教授。東京大学法学部卒。専門は公共哲学、政治哲学、比較政治。著書に『サンデルの政治哲学』、『友愛革命は可能か』、『非戦の哲学』など。監訳書にサンデル『ハーバード白熱教室講義録＋東大特別授業』（早川書房刊）、『民主政の不満』など。

［訳者略歴］
鬼澤 忍（おにざわ・しのぶ）

翻訳家。1963年生まれ。成城大学経済学部経営学科卒。埼玉大学大学院文化科学研究科修士課程修了。おもな訳書にサンデル『これからの「正義」の話をしよう』、ワイズマン『人類が消えた世界』（共に早川書房刊）など多数。

日本で「正義」の話をしよう

[ＤＶＤブック]
サンデル教授の特別授業

2010年12月25日　初版発行
2011年3月20日　再版発行

[著　者]　マイケル・サンデル
[監修者]　小林正弥（こばやしまさや）
[訳　者]　鬼澤忍（おにざわしのぶ）
[発行者]　早川浩
[印刷所]　三松堂株式会社
[製本所]　大口製本印刷株式会社
[発行所]　株式会社　早川書房
　　　　　郵便番号　101-0046
　　　　　東京都千代田区神田多町2-2
　　　　　電話　03-3252-3111（大代表）
　　　　　振替　00160-3-47799
　　　　　http://www.hayakawa-online.co.jp

ISBN978-4-15-209179-6 C0010
定価はカバーに表示してあります。
Printed and bound in Japan
乱丁・落丁本は小社制作部宛お送り下さい。
送料小社負担にてお取りかえいたします。